Académie Culinaire de la Coquille Saint-Jacques

Coquilles Saint-Jacques

75 recettes

Photographies
Bernard Enjolras

Editions OUEST-FRANCE

SOMMAIRE

Préface

L'Académie Culinaire de la Coquille Saint-Jacques est heureuse de vous présenter ses recettes. Elle entend rechercher, au cours des dégustations organisées à sa seule initiative, des recettes inédites, conférant à la coquille Saint-Jacques de nouvelles sensibilités gustatives dignes d'intérêt.

Les ambassadrices et ambassadeurs de l'Académie, de par leur serment lors de leur intronisation, divulguent les différentes manières de cuisiner la coquille Saint-Jacques.

Des recettes élaborées par des professionnels vous paraîtront certainement audacieuses, mais elles conservent à la coquille Saint-Jacques toutes ses saveurs, sans les dénaturer.

Depuis sa création en 1982, l'Académie a décerné :

27 Coquilles d'Or ;

52 Coquilles d'Argent ;

57 Coquilles de Bronze,

sur 186 recettes consommées chez des restaurateurs.

Les coordonnées de certains d'entre eux, ayant été honorés et toujours en exercice, figurent à la fin de ce recueil.

Par ailleurs, l'Académie a aussi pour but d'aider les apprentis cuisiniers dans le cadre d'un partenariat avec un lycée professionnel. C'est pour cette raison qu'une recette d'élève figure dans ce livre.

À toutes et tous, nous souhaitons, par saint Fortunat, patron des gastronomes, de joyeuses découvertes culinaires et un très bon appétit.

Le consul mestre, J. Supiot

Introduction

La *Pecten maximus* et la *jacobaeus* font partie de la famille des Pectinidés. C'est un mollusque bivalve, hermaphrodite, caractérisé par son corail, qui, à maturité, est formé de deux parties : l'une mâle blanche nacrée, l'autre femelle rouge orangé. La *Pecten maximus* est pêchée sur les côtes de l'Atlantique et de la Manche, la *Pecten jacobaeus* en Méditerranée.

La coquille est pêchée entre octobre et avril. Les jours et les horaires de pêche sont réglementés. La taille minimale des coquilles est de 10 cm mais elle peut atteindre 14 à 17 cm. La Saint-Jacques est riche en protéines et pauvre en lipides.

Conseils à propos des Saint-Jacques

ACHAT Choisir des coquilles bien fermées et si possible de la même taille. Les crépidules sur la coquille et le sable à l'intérieur font du poids non consommable à éviter. La présence de corail dépend de la région de production et de la saison de pêche. Les coquilles sans corail gardent leur qualité gustative. Pour les conserver quelques jours, la température doit se situer entre 5 °C et 10 °C et les coquilles doivent être posées sur leur côté creux, côté plat par-dessus.

PRÉPARATION Ouvrir les coquilles à cru en introduisant la lame d'un couteau rigide entre les deux valves, ou bien une cuillère à soupe, afin de conserver la noix sur le couvercle.
Laver à l'eau courante de façon à éliminer le sable.
Détacher les noix, ôter et éliminer la partie noire, ainsi que le petit boyau qui se trouve à l'extrémité la plus large du corail. Retirer aussi la petite partie qui se trouve sur la noix (chas) qui est dure, d'une texture différente. Les barbes demandent un supplément de nettoyage. Ces barbes, hachées ou non, peuvent être judicieusement utilisées dans certaines préparations.
Si vous congelez les noix, nous vous conseillons de les décongeler à l'avance, dans du lait, dans le bas de votre réfrigérateur.

CUISSON C'est la partie délicate : elle doit être brève pour les noix et le corail, juste ce qu'il faut. Une coquille trop cuite perd toute sa valeur gustative et sa texture souple.

ASSAISONNEMENT L'important est de ne pas masquer le goût délicat des Saint-Jacques, mais seulement de le souligner.

ACCOMPAGNEMENT A chaque recette figure une suggestion d'un vin, que le créateur de la recette préconise, nous vous conseillons d'en tenir compte, ainsi que pour le pain dans la mesure du possible.

Entrées

Coquilles Saint-Jacques du pêcheur

Jean SUPIOT, consul mestre de l'Académie

POUR 4 PERSONNES
Temps de préparation : 5 min
Temps de cuisson : 5 min selon la qualité de la braise

Ingrédients :
12 coquilles Saint-Jacques
120 g de beurre
poivre en grains

Cette recette, la plus simple à réaliser, vous donnera une satisfaction « iodée ». En revanche, elle nécessite de demeurer au bord de mer ou d'être certain de la propreté des coquilles Saint-Jacques qui doivent être bien dessablées et lavées à l'eau de mer filtrée.

- Entrouvrir chaque coquille. Y loger un « bouchon » de beurre demi-sel et quelques grains de poivre.
- Poser les coquilles sur un barbecue préparé avec des sarments de vigne. L'ouverture des coquilles marque la fin de la cuisson.
- Enlever délicatement la poche noire et les barbes sans épurer la sauce composée du jus visqueux des coquilles (sang) parfumé à l'iode et au beurre Préparer des « mouillettes » de pain de campagne à tremper dans le jus.

Suggestion de vin : chardonnay.
Suggestion de pain : pain de campagne.

Soupe de Saint-Jacques au muscadet

Alain BASTIN, consul hérault de l'Académie

POUR 4 PERSONNES
Temps de préparation : 15 min
Temps de cuisson : 10 min
Ingrédients :
8 belles coquilles Saint-Jacques
4 tomates moyennes à chair ferme
2 échalotes
40 cl de muscadet
10 cl de crème fraîche
beurre
1 pointe de cannelle
sucre, sel, poivre

Préparer les coquilles Saint-Jacques

- Décoquiller les Saint-Jacques. Nettoyer soigneusement les noix. Réserver.

Préparer la crème aux dés de tomates

- Monder les tomates. Les épépiner et les détailler en cubes les plus réguliers possible.
- Ciseler finement les échalotes. Les faire fondre au beurre sans coloration. Déglacer au muscadet. Laisser cuire 10 min.
- Ajouter les dés de tomates pour les pocher. Veiller à ce que les dés ne se défassent pas. Crémer légèrement et assaisonner.

Dresser

- Beurrer grassement le fond de vos assiettes creuses.
- Y disposer les noix crues de Saint-Jacques escalopées préalablement à 3 mm d'épaisseur. Saler et poivrer.
- Sur vos coquilles, verser à hauteur la crème aux dés de tomates très chaude. Passer au four quelques minutes.
- Pour donner une note décalée, oser servir cette recette avec un muscadet chaud !

Préparer un muscadet chaud

- Dissoudre à feu doux un peu de sucre avec de l'eau. Faire un sirop. Ajouter le muscadet et une pointe de cannelle.
- Servir dans une tasse ou dans un verre à grog.

Suggestion de vin : muscadet chaud.
Suggestion de pain : pain de campagne grillé.

Coquilles Saint-Jacques à la bretonne

Jean-Pierre LE BOHELLEC, ambassadeur de l'Académie

POUR 4 PERSONNES
Temps de préparation : 15 min
Temps de cuisson : 15 min
Ingrédients :
12 grosses coquilles Saint-Jacques
300 g de beurre demi-sel
100 g de chapelure
50 g de mie de pain trempée dans du lait
4 oignons moyens, 4 échalotes
1 pointe d'ail
sel, poivre

Préparer la garniture

- Couper les noix et coraux en gros morceaux réguliers.
- Hacher finement les oignons et les échalotes. Les cuire doucement dans 200 g de beurre. Remuer souvent pour ne pas laisser roussir.
- Quand les oignons sont bien fondus et bien cuits, ajouter les noix et coraux, la pointe d'ail et la mie de pain trempée. Laisser cuire 5 min en remuant.
- Rectifier l'assaisonnement.

Garnir les coquilles

- Répartir la préparation dans quatre coquilles. Saupoudrer de chapelure. Disposer un morceau de beurre sur chaque coquille. Mettre à four chaud pendant 10 min.

Suggestion de vin : cidre brut.
Suggestion de pain : pain de campagne.

Coquilles Saint-Jacques à la nantaise

Dominique GICQUEL, consul culinaire de l'Académie
Recette déposée dans le Mur du Siècle à Nantes (44)

POUR 4 PERSONNES
Temps de préparation : 50 min
Temps de cuisson : 40 min
Ingrédients :
8 coquilles Saint-Jacques
150 g d'oignons
40 g de beurre
20 cl de muscadet
1 gousse d'ail
1 bouquet garni
persil
50 g de mie de pain
30 g de chapelure
gros sel
sel de Guérande
poivre du moulin

Préparer la garniture

- Décoquiller les Saint-Jacques. Séparer les noix et les barbes, tout nettoyer soigneusement.
- Hacher les oignons. Les faire suer dans 20 g de beurre. Ajouter les barbes passées au hachoir et la gousse d'ail pilée. Mouiller avec le muscadet. Incorporer le bouquet garni. Assaisonner et laisser cuire 30 min. Ajouter les noix de Saint-Jacques escalopées (trois tranches par noix) pour une cuisson de quelques minutes.
- Retirer le bouquet garni et faire absorber l'excédent de liquide en incorporant de la mie de pain hachée. Ajouter du persil haché.

Garnir les coquilles

- Après les avoir enduites de beurre, garnir les parties creuses des coquilles de cette préparation. Recouvrir de chapelure. Disposer au centre une noix de beurre. Passer au four pour gratiner.

Astuce

- Le nettoyage des barbes est fastidieux mais l'emploi du gros sel facilite le travail.

Suggestion de vin : muscadet sur lie.
Suggestion de pain : pain de campagne au sel de Guérande.

Coquilles Saint-Jacques à la vendéenne

Jean DELAHAYE, ambassadeur de l'Académie, bailli de Touraine

POUR 4 PERSONNES
Temps de préparation : 5 min
Temps de cuisson : 20 min
Ingrédients :
18 coquilles Saint-Jacques
200 g de crème fraîche
60 g de beurre
1 verre de vin blanc des Fiefs vendéens
farine
persil
chapelure
sel, poivre

Préparer la garniture

- Faire fondre 60 g de beurre et y faire revenir les Saint-Jacques. Lorsqu'elles sont dorées, les saupoudrer de farine. Laisser cuire 2 min et ajouter un verre de vin blanc des Fiefs vendéens (mareuil par exemple).
- Ajouter la crème, saler, poivrer. Couvrir et laisser mijoter 8 à 10 min.

Garnir les coquilles

- Placer la préparation dans les coquilles et saupoudrer de chapelure. Mettre au four pour gratiner. Parsemer de persil au moment de servir.

Suggestion de vin : vin blanc des Fiefs vendéens.
Suggestion de pain : pain au maïs.

Coquilles Saint-Jacques à la pornichetine

Jean-Loup BRUNOT, ambassadeur de l'Académie

POUR 4 PERSONNES
Temps de préparation : 15 min
Temps de cuisson : 15 min
Ingrédients :
12 coquilles Saint-Jacques
4 cuillerées à soupe de crème fraîche
4 échalotes
4 verres de muscadet
4 cuillerées à soupe de beurre salé
sel, poivre

Préparer la sauce

- Faire chauffer un peu de beurre dans une poêle. Y faire revenir les échalotes finement émincées pour qu'elles deviennent translucides.
- Ajouter le muscadet. Le faire réduire de moitié.
- Ajouter la crème fraîche. Finir la sauce avec une noix de beurre.

Préparer les coquilles Saint-Jacques

- Décoquiller les Saint-Jacques.
- Dans une autre poêle que celle utilisée pour la sauce, cuire au beurre les noix de Saint-Jacques 2 min sur chaque face. Assaisonner.

Dresser

- Napper de sauce le fond de vos assiettes chaudes et y disposer les noix de Saint-Jacques.

Suggestion de vin : muscadet sur lie.
Suggestion de pain : pain de seigle.

Coquilles Saint-Jacques aux saveurs nantaises

Dominique GICQUEL, consul culinaire de l'Académie

POUR 4 PERSONNES
Temps de préparation : 30 min
Temps de cuisson : 20 min
Ingrédients :
16 noix de Saint-Jacques blanches ou coraillées
1 belle pomme granny smith
200 g de mâche
4 œufs
20 cl de crème fleurette
10 cl de muscadet
30 g de beurre
sucre
sel, poivre du moulin

Préparer la compote pomme-mâche

- Éplucher la pomme. L'épépiner et la découper en petits cubes. Faire compoter dans un peu de beurre, sans coloration.
- Ajouter les feuilles de mâche les plus vertes (en réserver pour le décor). Poursuivre la cuisson quelques minutes seulement. Mixer cette préparation. Vérifier l'assaisonnement.
- Ajouter un peu de sucre pour combattre légèrement l'acidité de la pomme. Réserver au chaud.

Préparer le sabayon

- Porter à ébullition le muscadet et la crème fleurette. Verser sur les jaunes d'œufs. Monter en sabayon. Vérifier l'assaisonnement.

Cuire les noix de Saint-Jacques

- Dans une sauteuse, faire prendre une belle coloration aux noix de Saint-Jacques. Saler et donner un tour de moulin à poivre. Bien se garder de trop pousser la cuisson des Saint-Jacques, cuire 2 min de chaque côté.

Dresser

- Remplir à mi-hauteur une verrine de la préparation à la pomme et à la mâche et finir avec le sabayon au muscadet. Disposer les noix en arc de cercle autour de la verrine. Agrémenter votre assiette de traits des deux sauces. Finir le décor avec quelques feuilles de mâche et des tranches de pomme.

Suggestion de vin : muscadet sur lie, le Verroueille, Pipette d'or 2008.
Suggestion de pain : pain aux céréales.

2008
Sur Lie
2007
Le Verroueille
MUSCADET SÈVRE ET MAINE
Sur Lie
PRODUCE OF FRANCE
750 ml

Coquilles Saint-Jacques à la pomme

Jean-Loup BRUNOT, ambassadeur de l'Académie

POUR 4 PERSONNES
Temps de préparation : 15 min
Temps de cuisson : 20 min
Ingrédients :
12 noix de Saint-Jacques
4 pommes
20 cl de jus de pomme
1 verre de calvados
4 cuillerées à café de crème fraîche
4 cuillerées à soupe de beurre
sel, poivre

Préparer les pommes

- Eplucher et découper les pommes en huit. Faire revenir les quartiers avec deux cuillerées de beurre. Déglacer avec le jus de pomme. Faire réduire de moitié. Ajouter la crème fraîche.

Cuire les noix de Saint-Jacques

- Dans une seconde poêle, cuire avec un peu de beurre les noix de Saint-Jacques, 2 min de chaque côté. Saler et poivrer.

Dresser

- Présenter les noix et les quartiers de pommes dans l'assiette ou le plat de service. Napper avec la sauce.

Suggestion de vin : cocktail muscadet sur lie + cidre + une pointe de calvados.
Suggestion de pain : pain de campagne.

Coquilles Saint-Jacques sur lit de pommes au curry

Éric GELIG, ambassadeur de l'Académie

POUR 4 PERSONNES
Temps de préparation : 15 min
Temps de cuisson : 15 min
Ingrédients :
8 noix de Saint-Jacques
1 cuillerée à soupe de beurre
5 pommes (type golden, royal gala ou jonagold)
1 cuillerée à soupe rase de curry
1 cuillerée à café d'huile d'olive
10 brins de ciboulette
sel, poivre

Préparer les pommes

- Eplucher, couper les pommes en quatre, ôter le cœur puis râper grossièrement les quartiers. Mettre le beurre à fondre dans une casserole, ajouter les pommes râpées et le curry. Laisser cuire 5 min à feu vif.

Préparer les noix de Saint-Jacques

- Verser l'huile d'olive dans une poêle, faire chauffer, puis saisir les noix de Saint Jacques 1 min sur chaque face. Saler et poivrer généreusement.

Dresser

- Garnir de pommes râpées quatre ramequins que vous renversez ensuite dans chaque assiette afin d'obtenir les lits de pommes.
- Saupoudrer de ciboulette ciselée puis disposer les noix de Saint-Jacques sur le dessus. Saupoudrer l'ensemble d'un peu de poudre de curry pour la présentation et servir tiède.

Suggestion de vin : muscadet.
Suggestion de pain : pain aux pommes.

Coquilles Saint-Jacques poêlées, brunoise de granny smith et noix, mousse à la chicorée

Erwann HERGUE, chef de cuisine au restaurant
La Table d'Hippolyte, *Cesson-Sévigné (35)*

POUR 4 PERSONNES
Temps de préparation : 10 min
Temps de cuisson : 4 min
Ingrédients :
16 noix de Saint-Jacques
2 pommes granny smith
30 g de cerneaux de noix
15 cl de fumet de Saint-Jacques (ou de poisson)
10 cl de crème fraîche
beurre
chicorée liquide
Matériel spécifique :
1 siphon à espuma

Préparer la mousse à la chicorée

- Faire réduire ensemble à feu doux le fumet, la crème et la chicorée liquide. Laisser refroidir cette préparation. La mettre dans le siphon, ajouter le gaz et maintenir au frais.

Préparer la brunoise et les Saint-Jacques

- Tailler les pommes granny smith en fine brunoise en laissant la peau. Concasser les noix. Faire revenir les pommes et les noix à la poêle avec une noix de beurre.
- Poêler vivement les noix de Saint-Jacques.
- Dresser en assiette creuse en ajoutant la mousse au dernier moment.

Suggestion de vin : mâcon-chintré.
Suggestion de pain : pain de seigle.

Coquilles Saint-Jacques au beurre de cidre

Arlette BERTHON, ambassadrice de l'Académie

POUR 4 PERSONNES
Temps de préparation : 30 min
Temps de cuisson : 25 min
Ingrédients :
12 noix de Saint-Jacques coraillées
30 cl de cidre brut
5 cl de calvados
100 g de beurre
1 branche de céleri
1 blanc de poireau
1 carotte
sel, poivre

Préparer la julienne de légumes

- Nettoyer et tailler le blanc de poireau, la carotte et le céleri en fins bâtonnets. Mettre le tout dans une sauteuse avec du beurre, du sel, du poivre. Cuire à feu doux pendant 20 min. Réserver.

Préparer les noix de Saint-Jacques

- Séparer les noix des coraux, rincer et éponger.
- Faire fondre 30 g de beurre dans une sauteuse, ajouter les noix et les laisser dorer à feu vif sur les deux faces pendant environ 5 min. Réserver.
- Faire sauter rapidement les coraux. Remettre les noix, saler, poivrer. Mélanger et verser le calvados. Laisser chauffer et flamber. Réserver noix et coraux au chaud.

Préparer le beurre de cidre

- Verser le cidre dans la sauteuse. Déglacer les sucs de cuisson en grattant le fond avec une cuillère en bois.
- Laisser réduire 5 min à feu vif. Puis, hors du feu, incorporer le beurre par petits morceaux. Fouetter l'ensemble.

Dresser

- Disposer les noix en couronne et mettre au centre les légumes. Napper avec le beurre de cidre.

Suggestion de vin : cidre brut de Bretagne.
Suggestion de pain : pain de campagne grillé.

Coquilles Saint-Jacques au champagne et à la fondue de poireau

Pierre MOTTE, dignitaire de l'Académie

POUR 4 PERSONNES
Temps de préparation : 15 min
Temps de cuisson : 15 min
Ingrédients :
16 noix de Saint-Jacques
1 poireau
1 verre de champagne
2 œufs
150 g de beurre
fumet de poisson
feuilles de mâche
sel, poivre

Préparer les noix de Saint-Jacques

- Mettre les noix de Saint-Jacques dans un plat creux.
- Les recouvrir avec le champagne et laisser macérer quelques minutes.
- Pocher les noix de Saint-Jacques dans le champagne. Retirer les noix au bout de quelques minutes et réserver le jus.

Préparer le poireau

- Laver et émincer le poireau. Faire suer le blanc de poireau au beurre. Mouiller avec un peu de fumet de poisson. Saler, poivrer. Laisser cuire 10 min.

Préparer la sauce au champagne

- Incorporer deux jaunes d'œufs au champagne. Laisser épaissir sans faire bouillir. Ajouter le beurre en morceaux en fouettant énergiquement.

Dresser

- Dans les assiettes de service, poser les noix sur un lit de poireau. Napper avec la sauce au champagne. Décorer de quelques feuilles de mâche.

Suggestion de vin : champagne.
Suggestion de pain : pain au levain.

Noix de Saint-Jacques au Noilly

Dominique PAIN, ambassadeur de l'Académie

POUR 4 PERSONNES
Temps de préparation : 15 min
Temps de cuisson : 5 min
Ingrédients :
16 belles noix de Saint-Jacques
2 petites courgettes
2 carottes
60 g de beurre
5 cl de Noilly
25 cl de crème double
quelques pluches de cerfeuil
sel, poivre

- Tailler les courgettes en petits bâtonnets. Les blanchir.
- Tailler les carottes en bâtonnets de 5 cm. Les cuire à l'eau bouillante.
- Faire étuver dans le beurre les noix et les légumes. Assaisonner et ajouter le Noilly pur et la crème. Laisser frémir 2 min puis égoutter les légumes. Les réserver.
- Faire réduire la sauce jusqu'à la consistance voulue.
- Mixer et vérifier l'assaisonnement.
- Disposer les petits légumes sur les noix. Napper et décorer avec le cerfeuil.

Suggestion de vin : muscadet vieilles vignes.
Suggestion de pain : pain aux six céréales.

Coquilles Saint-Jacques au vieil armagnac

Jeanine JUTARD, ambassadrice de l'Académie

POUR 4 PERSONNES
Temps de préparation : 10 min
Temps de cuisson : 5 min
Ingrédients :
12 coquilles Saint-Jacques
beurre demi-sel
10 cl d'armagnac très vieux
4 cuillerées de crème fraîche
4 tomates cerise, basilic
sel, poivre

- Bien nettoyer les coquilles, sortir les noix avec le corail. Les sécher et les faire revenir doucement dans du beurre environ 5 min sans dorer.
- Verser un verre d'armagnac chaud et flamber. Ajouter la crème, saler et poivrer.
- Recouvrir les noix et passer au four quelques minutes.
- Servir chaud avec du basilic et quelques tomates cerise.

Suggestion de vin : gamay de Touraine.
Suggestion de pain : pain rustique.

Appellation Armagnac contrôlée
CLÉS des DUCS
Vieil ARMAGNAC
V.S.O.P.
40% vol.
e70cl

Coquilles Saint-Jacques au Noilly façon Duchesse Anne

Dominique GICQUEL, consul culinaire de l'Académie

POUR 4 PERSONNES
Temps de préparation : 10 min
Temps de cuisson : 5 min
Ingrédients :
12 belles coquilles Saint-Jacques
200 g de crème fraîche
1 verre de Noilly Prat
pluches de fenouil
beurre
sel de Guérande
poivre du moulin

Préparer les coquilles Saint-Jacques

- Décoquiller les Saint-Jacques. Après avoir nettoyé soigneusement les noix coraillées, les réserver au frais sur une feuille de papier absorbant.
- Escaloper les noix en deux sans toucher au corail.
- Les faire sauter dans un peu de beurre 1 min sur chaque face en amenant une belle coloration. Saler, poivrer.

Préparer la sauce au Noilly

- Déglacer les noix avec le Noilly. Faire réduire, ajouter la crème fraîche. Retirer les Saint-Jacques et tenir au chaud. Faire réduire la sauce au Noilly pour obtenir une belle onctuosité. Remettre les noix de Saint-Jacques. Vérifier l'assaisonnement.

Dresser

- Faire chauffer la partie creuse des coquilles au four quelques instants. Y déposer les noix coraillées. Napper de sauce. Ajouter une pluche de fenouil en décor.

Astuce

- Pour une présentation plus festive, utiliser des mini-coquilles en porcelaine. Le reste de la sauce au Noilly peut être présenté dans un petit poêlon individuel.

Suggestion de vin : muscadet sur lie Les Barboires.
Suggestion de pain : pain au levain.

Coquilles Saint-Jacques poêlées au Nantillais

Michel MOCQUILLON, chef de cuisine, Les Sables-d'Olonne (85)

POUR 4 PERSONNES
Temps de préparation : 50 min
Temps de cuisson : 45 min
Ingrédients :
12 coquilles Saint-Jacques
30 g d'huile de noisette
sel, poivre
persil, coriandre
Chutney d'oignons
150 g d'oignons roses
20 g de beurre
5 cl de vinaigre d'alcool
5 cl de Nantillais agrumes
sel, poivre
Quenelles d'endives
400 g d'endives
3 l d'eau
jus d'un demi-citron
1 échalote
30 g de beurre
10 cl de crème fraîche
noix muscade, cannelle en poudre
sel, poivre
Beurre noisette
60 g de beurre
2 cuillerées à soupe de vinaigre d'alcool
2 cuillerées à soupe de Nantillais agrumes

Préparer les coquilles Saint-Jacques

- Extraire les noix de Saint-Jacques des coquilles, les nettoyer et les réserver au froid.

Préparer les quenelles d'endives

- Émincer les endives, retirer les cœurs trop fermes, les laver. Les ébouillanter dans 3 l d'eau non salée avec le jus d'un demi-citron, à découvert, pendant 15 min. Les égoutter, les rafraîchir à l'eau froide et les presser à la main.
- Dans un récipient à fond épais, faire suer l'échalote avec les 30 g de beurre sans coloration. Ajouter les 10 cl de crème fraîche, les endives puis la noix de muscade et la cannelle. Saler, poivrer. Cuire à feu doux à découvert pendant 30 à 40 min afin d'obtenir une consistance de compote ferme. Réserver.

Préparer le chutney d'oignons au Nantillais

- Émincer les oignons. Les faire suer dans un récipient à fond épais, avec 20 g de beurre, sans coloration. Ajouter 5 cl de vinaigre d'alcool et 5 cl de Nantillais agrumes. Cuire à feu doux et à découvert pendant 15 à 20 min. Réserver.

Cuire les coquilles Saint-Jacques

- Poêler dans l'huile de noisette les noix de Saint-Jacques à feu vif pendant 3 min. Saler et poivrer. Les retirer et les tenir au chaud sur une assiette couverte.

Préparer le beurre noisette

- Dans la poêle, jeter les 60 g de beurre. Les amener à consistance moussante. Ajouter hors du feu deux cuillerées à soupe de vinaigre d'alcool et deux cuillerées à soupe de Nantillais agrumes.

Dresser

- Sur quatre assiettes très chaudes, intercaler en formant un cercle une noix de Saint-Jacques et une quenelle d'endive (formée à l'aide d'une grande cuillère). Au centre, déposer une cuillerée à café du chutney d'oignons. Napper les noix de Saint-Jacques du beurre noisette, les parsemer d'une pincée de persil ou de coriandre haché.

Suggestion de vin : premières côtes-de-Blaye blanc, château Haut Grelot.
Suggestion de pain : petit pain blanc ouvert embeurré passé au four 3 min à 150 °C.

Coquilles Saint-Jacques marinées à l'huile de sésame et moutarde wasabi

Benoît DEBAILLY, chef de cuisine
à l'auberge La Gaillotière, *Château-Thébaud (44)*

POUR 4 PERSONNES
Temps de préparation : 15 min
Ingrédients :
400 g de noix de Saint-Jacques
5 g de moutarde wasabi
5 cuillerées à soupe d'huile de sésame
50 g de mâche nantaise
jus d'un citron
sel

Préparer la marinade

- Faire une émulsion en incorporant la moutarde avec le jus de citron et le sel. Ajouter l'huile de sésame en fouettant vivement. Badigeonner au pinceau le fond de quatre assiettes avec la marinade.

Préparer les noix de Saint-Jacques

- Couper les noix de Saint-Jacques en fines rondelles.
- Les disposer en rosace sur chaque assiette. Toujours au pinceau, badigeonner généreusement les rosaces avec la marinade.

Dresser

- Placer au centre de la rosace un petit bouquet de mâche que l'on aura roulé dans la marinade. Poser une pincée de fleur de sel sur chaque assiette. Servir avec des toasts de pain de campagne.

Astuce

- Faire cette préparation une heure à l'avance pour que les Saint-Jacques s'imprègnent bien de la marinade au réfrigérateur. Les sortir 5 min avant de les déguster afin que les arômes ressortent mieux en bouche.

Suggestion de vin : blanc du Languedoc.
Suggestion de pain : pain aux algues.

Carpaccio de Saint-Jacques à l'huile de Ligure, vinaigre balsamique et râpé de truffe noire

Gérard CORCHIA, chef de cuisine au restaurant Beau Rivage, *Pornic (44)*
L'Académie a décerné une Coquille d'Argent pour cette recette.

POUR 4 PERSONNES
Temps de préparation : 10 min
Ingrédients
24 noix de Saint-Jacques blanches d'Erquy
1 truffe fraîche entière noire à râper
1 carotte, 1 poivron rouge
1 morceau de céleri-rave
1 courgette
quelques feuilles de roquette
huile d'olive de Ligure
vinaigre balsamique
fleur de sel de Guérande
poivres du monde (moulin) [Sichuan, Indonésie, Sarawak, Muntoc, cinq poivres]

- Tailler les légumes en petits dés. Les blanchir puis les refroidir à l'eau très fraîche. Les égoutter et les imbiber d'huile d'olive vierge. Réserver.
- Escaloper les noix de Saint-Jacques en tranches très fines (six noix par assiette).
- Mélanger six cuillerées à soupe d'huile d'olive de Ligure avec deux cuillerées à soupe de vinaigre balsamique.

Dresser

- Poser en haut de votre assiette une cuillerée de légumes, une feuille de roquette. Disposer sur toute l'assiette les fines escalopes de Saint-Jacques crues. Assaisonner avec la vinaigrette dissociée, la fleur de sel de Guérande et les poivres du monde. Pour terminer, râper la truffe au-dessus des noix de Saint-Jacques.

Suggestion de vin : muscadet « L » d'or de Luneau.
Suggestion de pain : fines tranches de pain de campagne.

Coquilles Saint-Jacques en coques de pâte

Arlette BERTHON, ambassadrice de l'Académie

POUR 4 PERSONNES
Temps de préparation : 45 min
Temps de cuisson : 15 min
Ingrédients :
8 belles coquilles Saint-Jacques
de la pâte brisée ou 1 rouleau de pâte surgelée
60 g de beurre
1 ou 2 échalotes
2 cuillerées à soupe de cognac
fines herbes hachées
poivre de Cayenne
sel, poivre

Tapisser les coquilles de pâte

- Sur une planche farinée, abaisser encore un peu la pâte si besoin puis l'enrouler sur le rouleau à pâtisserie.
- Dérouler la pâte sur quatre coquilles préalablement beurrées et lui donner « du mou » afin qu'elle recouvre bien le fond des coquilles. Presser du haut des doigts puis découper le surplus de pâte autour de chaque coquille à l'aide d'un petit couteau.
- Déposer une autre coquille creuse, mais vide, sur chaque coquille tapissée de pâte. Presser légèrement et faire cuire 6 min à four chaud (th. 7-8). Retirer la coquille supérieure et remettre à cuire quelques minutes jusqu'à ce que la coque de pâte devienne ferme et dorée.

Préparer les noix de Saint-Jacques

- Laver les noix de Saint-Jacques, les égoutter sur un papier absorbant et couper les noix blanches en deux, dans l'épaisseur.
- Faire fondre 40 g de beurre dans une poêle, y déposer les demi-noix de Saint-Jacques. Laisser dorer sur feu doux. Retourner alors délicatement à l'aide d'une spatule sur l'autre face.
- Ajouter l'échalote hachée et le corail de chaque coquille. Saler, poivrer. Laisser blondir quelques minutes. Arroser de cognac et faire flamber.
- Ajouter les fines herbes hachées. Retirer les noix du feu aussitôt.

Dresser

- Répartir noix et corail de coquilles dans les quatre coques en pâte. Allumer le four et faire tiédir ces délicieuses coquilles juste avant de les déguster.

Astuce

- Ne pas remplir les coquilles trop à l'avance car la pâte se fragilise sous le jus des Saint-Jacques.

Suggestion de vin : reuilly rosé.
Suggestion de pain : pain au levain.

Rosace de Saint-Jacques à la portugaise et aux topinambours

Dominique GICQUEL, consul culinaire de l'Académie

POUR 4 PERSONNES
Temps de préparation : 15 min
Temps de cuisson : 10 min
Ingrédients :
6 coquilles Saint-Jacques blanches
4 tomates à chair ferme
3 topinambours
1 échalote
huile d'olive
sel de Guérande
fleur de sel, poivre
basilic

Préparer les coquilles Saint-Jacques

- Décoquiller les Saint-Jacques. Réserver les noix, les nettoyer soigneusement et les égoutter sur du papier absorbant.

Préparer la sauce portugaise

- Ciseler finement l'échalote. Monder les tomates, les épépiner et les découper en petits cubes. Dans un peu d'huile d'olive, faire revenir l'échalote ciselée. Ajouter les cubes de tomates. Faire compoter. Assaisonner. En fin de cuisson, ajouter le basilic finement émincé.

Préparer les topinambours

- Éplucher les topinambours. En faire des médaillons de 2 mm d'épaisseur. Les pocher à l'eau salée. Ne pas trop pousser la cuisson.

Cuire la rosace de Saint-Jacques

- Sur une plaque antiadhésive ou une feuille de cuisson, disposer les médaillons de topinambour en forme de rosace. Masquer avec la sauce portugaise en laissant les bords du topinambour apparents. Finir le montage en disposant les Saint-Jacques escalopées (épaisseur 2 mm) en spirale. Passer au four. Avant de servir, lustrer avec un pinceau trempé dans de l'huile d'olive.
- Dresser sur assiette chaude et décorer avec une feuille de basilic. Parsemer de fleur de sel.

Suggestion de vin : muscadet cuvée Prestige de l'Académie Culinaire de la Coquille Saint-Jacques.
Suggestion de pain : tranches de mie grillées.

Coquilles Saint-Jacques en salade sur mousse de pamplemousse rose

Gerhard BLUMENROTHER, ambassadeur de l'Académie, bailli de l'Académie en Allemagne

POUR 4 PERSONNES
Temps de préparation et de cuisson : 1 h 30
Ingrédients :
12 coquilles Saint-Jacques
2 branches de thym citron
huile de colza
coriandre
fleur de sel, poivre noir en moulin

Salade
chicorée
vinaigre de framboise, huile de noisette
sucre brun de palmier

Mousse de pamplemousse rose
50 cl de jus frais de pamplemousse
50 cl de lait de coco
sucre brun de palmier

Préparer la salade

- Couper les bouts de chicorée. Les plonger quelques minutes dans de l'eau tiède pour enlever l'amertume. Égoutter et essuyer.
- Dans une casserole, chauffer trois cuillerées à soupe d'huile de noisette, une cuillerée à soupe de vinaigre de framboise, une demi-cuillerée à café de fleur de sel et une pincée de sucre brun. Faire sauter quelques secondes les bouts de salade coupés dans cette casserole. Réserver.

Préparer la mousse de pamplemousse rose

- Verser le jus de fruit, le lait de coco ainsi qu'une cuillerée à soupe de sucre brun dans une casserole. Faire réduire jusqu'au tiers. Assaisonner avec un peu de fleur de sel. Battre cette réduction pour obtenir une mousse.

Préparer les coquilles Saint-Jacques

- Nettoyer les coquilles avec un linge. Les épicer avec la fleur de sel, la coriandre et le poivre du moulin. Dans une casserole, chauffer l'huile de colza avec les branches de thym citron. Faire revenir les coquilles dans l'huile très chaude 20 s sur chaque côté.

Dresser

- Disposer la salade en cercle sur les assiettes. Répartir les coquilles sur les feuilles de chicorée. Ajouter la mousse de pamplemousse et les bouts de chicorée pré-cuits. Accompagner de riz au beurre frais.

Suggestion de vin : riesling vendanges tardives.
Suggestion de pain : pain au maïs grillé.

Coquilles Saint-Jacques à la coque

Hôtel de Bretagne, *Nort-sur-Erdre (44)*
L'Académie a décerné une Coquille d'Argent pour cette recette.

POUR 4 PERSONNES
Temps de préparation : 20 min
Temps de cuisson : 10 min
Ingrédients
12 coquilles Saint-Jacques
100 g de fèves fraîches épluchées crues
4 noisettes de beurre
100 g de carottes cuites croquantes
240 g de pâte feuilletée
1 pincée de gingembre
1 pincée de safran
1 jaune d'œuf
sel, poivre

- Ouvrir les Saint-Jacques, les nettoyer et conserver les coquilles. Saler et poivrer les noix et le corail et les répartir dans les deux coquilles.
- Mettre dans chacune quelques fèves crues, les carottes, le beurre, le gingembre et le safran. Refermer les coquilles et les entourer de pâte pour qu'elles soient hermétiquement fermées. Badigeonner la pâte au jaune d'œuf.
- Cuire au four (th. 10) pendant 8 à 10 min.

Suggestion de vin : vin des Fiefs vendéens, en particulier le chantonnay.
Suggestion de pain : pain rustique.

Poêlée de coquilles Saint-Jacques au beurre de framboises

Arnaud LEROY, chef de cuisine au restaurant La Reine Anne, *Morlaix (29)*

POUR 4 PERSONNES
Temps de préparation : 20 min
Temps de cuisson : 4 min
Ingrédients :
20 coquilles Saint-Jacques
200 g de sucre
200 g d'eau
400 g de framboises
150 g de beurre
10 cl d'huile d'olive
10 cl de vinaigre de framboise
1 assortiment de salades
sel, poivre

Préparer le beurre de framboises

- Porter à ébullition l'eau et le sucre. Verser le mélange chaud sur les framboises. Mixer le tout pour obtenir un coulis de framboises.

- Dans une casserole, chauffer légèrement le coulis puis le monter avec le beurre. Ne pas faire bouillir le beurre de framboises sinon il noircit. Saler.

- Poêler les Saint-Jacques 2 min de chaque côté.

Dresser

- Déposer un cordon de beurre de framboises autour du mélange de salades assaisonné avec une vinaigrette à la framboise. Disposer harmonieusement les Saint-Jacques autour de la salade. Décorer avec des fruits rouges de saison.

Suggestion de vin : menetou salon blanc
Suggestion de pain : pain aux châtaignes.

Terrine de coquilles Saint-Jacques, crème tiède à l'oseille

Virginie PAIN, ambassadrice de l'Académie

POUR 4 PERSONNES
Temps de préparation : 30 min
Temps de cuisson : 10 min
Ingrédients :
24 belles noix avec corail
120 g de champignons de Paris
120 g de crème fraîche
1 blanc d'œuf
20 g de sel

Crème à l'oseille
1 échalote
10 cl de vin blanc
80 g de crème fraîche
100 g de beurre
oseille fraîche
sel, poivre

Préparer la terrine de Saint-Jacques

- Séparer les noix de Saint-Jacques du corail. Passer les noix au broyeur puis couper le corail en morceaux. Travailler la purée de noix de Saint-Jacques sur de la glace jusqu'à épaississement. Saler et retravailler à nouveau. Ajouter le blanc d'œuf et la crème. Mélanger.
- Passer les champignons à la poêle, égoutter. Les ajouter à l'appareil et mélanger.
- Beurrer le moule et le garnir de la préparation. Couvrir d'une feuille d'aluminium.
- Mettre au bain-marie sur le feu et démarrer la cuisson jusqu'à ébullition.
- Mettre ensuite au four à 180 °C pendant environ 40 min. Vérifier la cuisson en piquant l'intérieur de la terrine avec une aiguille. Elle doit ressortir sèche et chaude. Laisser refroidir. Démouler et trancher.

Préparer la crème à l'oseille

- Faire blondir le beurre et l'échalote. Ajouter le vin blanc et laisser réduire d'un tiers. Passer au mixeur et au tamis. Ajouter la crème et chauffer. Terminer en incorporant l'oseille coupée aux ciseaux. Rectifier l'assaisonnement.

Dresser

- Napper les tranches de terrine de crème tiède.

Suggestion de vin : quercy blanc.
Suggestion de pain : pain rustique.

l'oseille

Plats

Coquilles Saint-Jacques au foie gras

Jeanine BÉCHAMEIL, ambassadrice de l'Académie

POUR 4 PERSONNES
Temps de préparation : 40 min
Temps de cuisson : 5 min
Ingrédients :
12 coquilles Saint-Jacques
4 tranches de foie gras
1 verre de frontignan
1 jus de citron
4 pruneaux
12 petites feuilles de céleri branche
huile
sel, poivre

- Mettre à mariner 35 min les quatre tranches de foie gras dans le frontignan et le jus de citron. Ensuite, les poêler quelques minutes de chaque côté.
- Faire cuire dans une autre poêle les noix de Saint-Jacques 2 min sur chaque face.
- Ajouter au foie gras les noix de Saint-Jacques, les pruneaux coupés en petits morceaux et la marinade.
- Frire les feuilles de céleri dans un peu d'huile.

Dresser

- Dans une assiette, disposer le foie gras au centre. Poser dessus les noix de Saint-Jacques et les pruneaux. Napper avec la sauce. Décorer avec les feuilles de céleri frites.

Suggestion de vin : loupiac.
Suggestion de pain : pain de mie grillé.

Coquilles Saint-Jacques et rouget barbet au foie gras chaud et pain d'épice

Gérard CORCHIA, chef de cuisine au Beau Rivage, *Pornic (44)*
L'Académie a décerné une Coquille d'Or pour cette recette.

POUR 4 PERSONNES
Temps de préparation : 1 h
Temps de cuisson : 5 min
Ingrédients :
12 noix de Saint-Jacques blanches d'Erquy
4 filets de rouget barbet
4 tranches de foie gras de canard cru
4 pommes de terre
4 moitiés de tranches de pain d'épice
vinaigrette (huile d'olive de Ligure et vinaigre balsamique)
bigarade (caramel déglacé aux vinaigres de vin vieux et Xérès mouillés de jus d'orange, consistance sirupeuse additionnée de jus de viande lié)
sel de Guérande
poivre du moulin
huile d'olive
bouquet d'herbes

Préparer la purée de pommes de terre

- Faire bouillir les pommes de terre à l'eau. Les éplucher après cuisson et les écraser à la fourchette. Les monter à l'huile d'olive à l'aide d'une cuillère en bois.
- Assaisonner de fleur de sel et de poivre.

Cuire le foie gras, le rouget barbet, les coquilles Saint-Jacques

- Assaisonner les tranches de foie gras de canard. Les cuire à sec dans une poêle.
- Assaisonner les filets de rouget barbet. Les cuire sous le gril du four.
- Assaisonner les noix de Saint-Jacques. Les poêler légèrement à l'huile d'olive vierge.
- Réserver.

Dresser

- Mettre une quenelle de pomme de terre écrasée au milieu de l'assiette. Poser autour de la quenelle respectivement le filet de rouget barbet, la tranche de foie gras poêlée sur le pain d'épice, les noix de Saint-Jacques. Ajouter la bigarade sur le foie gras et la vinaigrette sur le rouget et les Saint-Jacques.
- Ajouter sur le rebord de l'assiette un petit bouquet d'herbes, de la fleur de sel, ainsi qu'un ou deux tours de moulin à poivre.

Suggestion de vin : savennières (sec) « La Roche aux Moines ».
Suggestion de pain : fines tranches de pain de campagne.

Millefeuille de Saint-Jacques et foie gras

Frédéric HEAS, chef de cuisine au restaurant Le Grain de Sel, *Breteuil (27)*

POUR 4 PERSONNES
Temps de préparation : 40 min
Temps de cuisson : 5 min
Ingrédients :
12 noix de Saint-Jacques
300 g de foie gras frais
2 feuilles de brick
20 g de farine
40 g de pousses de poireaux
12 cl de vinaigre de framboise
12 cl de vin rouge
50 g de framboises fraîches
150 g de sucre en poudre
beurre
sel, poivre

Préparer les Saint-Jacques et le foie gras

- Tailler les noix de Saint-Jacques en deux. Marquer légèrement les noix au beurre (1 min). Réserver.
- Tailler le foie gras en escalopes. Saler, poivrer et fariner les escalopes de foie gras. Les poêler. Réserver.

Préparer les millefeuilles

- Beurrer les feuilles de brick et les tailler en bandes de 2 à 3 cm de hauteur. Monter les millefeuilles (noix, foie gras et noix) et les entourer avec les bandes de brick.
- Cuire les millefeuilles 3 min à four chaud (200 °C).

Préparer la sauce aigre-douce

- Dans une casserole, incorporer le vinaigre, le vin rouge, les framboises, le sucre, le sel et le poivre. Faire cuire à petits bouillons jusqu'à obtenir une consistance nappante. Réserver.

- Laver et assaisonner les pousses de poireaux avec une vinaigrette au vinaigre de framboise.

Dresser

- Disposer harmonieusement sur les assiettes les millefeuilles, les pousses de poireaux et la sauce aigre-douce.

Suggestion de vin : vin blanc moelleux Pacherenc du Vic-Bilh.
Suggestion de pain : campagrain.

Coquilles Saint-Jacques rôties et jus au parfum d'agrumes

Yannick BITEAU, chef de cuisine au restaurant
Le Val d'Èvre, *La Boissière-sur-Èvre (49)*
L'Académie a décerné une Coquille de Bronze pour cette recette.

POUR 4 PERSONNES
Temps de préparation : 10 min
Temps de cuisson : 15 min
(y compris les endives)
Ingrédients :
16 coquilles Saint-Jacques
4 endives
50 g de beurre
50 g de sucre
200 g de jus d'orange
huile d'olive
fleur de sel
Jus au parfum d'agrumes
200 g de fumet de poisson
100 g de jus d'orange
40 g de beurre
sel, poivre

Préparer les coquilles Saint-Jacques

- À l'aide d'une cuillère, décoller délicatement les noix et les barbes qui adhèrent aux coquilles. Séparer les noix des barbes et nettoyer soigneusement noix et coraux pour éliminer le sable. Saisir les noix de Saint-Jacques à l'huile d'olive.

Préparer les endives

- Couper les endives en deux, supprimer le trognon, et les émincer. Faire revenir les endives émincées au beurre et mouiller à hauteur avec le jus d'orange et le sucre. Laisser confire tout doucement.

Préparer le jus au parfum d'agrumes

- Faire bouillir le fumet de poisson, ajouter le jus d'orange et laisser réduire d'un quart.
- Lier le jus, monter au beurre et rectifier l'assaisonnement.

Dresser

- Disposer les endives au centre de l'assiette. Placer les noix dessus et verser un cordon de sauce tout autour. Avant de servir, parsemer les noix de Saint-Jacques de fleur de sel.

Suggestion de vin : malvoisie.
Suggestion de pain : pain aux algues.

Coquilles Saint-Jacques rôties aux navets, beurre de passion et compotée de citron

Yannick BITEAU, chef de cuisine au restaurant
Le Val d'Èvre, *La Boissière-sur-Èvre (49)*

POUR 4 PERSONNES
Temps de préparation : 15 min
Temps de cuisson : 25 min
Ingrédients :
16 coquilles Saint-Jacques
500 g de navets ronds
1 l de jus d'orange
huile d'olive

Compotée de citron
200 g de citrons jaunes
100 g de sucre

Beurre de passion
2 fruits de la passion
160 g de crème
40 g de beurre demi-sel

Préparer les navets

- Éplucher les navets, les tailler en rondelles à l'aide d'un emporte-pièce rond (quatre pièces par personne). Disposer les ronds de navets dans un plat avec le jus d'orange. Laisser cuire au four à 100 °C jusqu'à épuration du jus.

Préparer la compotée de citron

- Tailler les citrons en quatre, puis en morceaux de 1 cm. Les cuire à l'eau froide jusqu'à ébullition. Renouveler l'opération quatre fois. Les égoutter et les cuire avec le sucre jusqu'à obtention d'une compote.

Préparer le beurre de passion

- Couper les fruits de la passion en deux. Les évider dans une casserole. Faire frémir la pulpe obtenue avec la crème. Ajouter le beurre en petits morceaux tout en fouettant. Rectifier l'assaisonnement.

- Saisir les noix de Saint-Jacques à l'huile d'olive 1 min de chaque côté.

Dresser

- Disposer au centre de l'assiette les quatre ronds de navets. Poser dessus les noix de Saint-Jacques. Sur le côté, placer une quenelle de compotée de citron. Disposer un cordon de beurre de passion tout autour.

Suggestion de vin : sauvignon.
Suggestion de pain : pain au citron.

Coquilles Saint-Jacques poêlées aux agrumes

Jean-Charles BATARD, chef de cuisine au restaurant Clémence, *Saint-Julien-de-Concelles (44)*
L'Académie a décerné une Coquille d'Or en 2007 pour cette recette.

POUR 4 PERSONNES
Temps de préparation : 1 h
Temps de cuisson : 6 à 10 min
Ingrédients :
16 coquilles Saint-Jacques
2 citrons
4 oranges
2 pamplemousses
100 g de beurre
huile d'olive
sel, poivre

Préparer les agrumes

- Peler tous les agrumes à vif. Lever les segments. Garder le jus de tous les agrumes pour la réalisation de la sauce. Mettre le jus des agrumes dans une casserole et le faire réduire presque à sec. Ajouter le beurre et mélanger vigoureusement au fouet. Préchauffer votre four à 180 °C.

Préparer les coquilles Saint-Jacques

- Décoquiller les Saint-Jacques. Faire dorer les noix de Saint-Jacques à la poêle (sans les faire cuire) avec un peu d'huile d'olive, 1 à 2 min de chaque côté.
- Mettre les Saint-Jacques au four. Elles doivent rester presque translucides à cœur.
- Dresser en s'inspirant de la photo.

Suggestion de vin : jurançon sec, « Le Chant des Vignes » 2003, domaine Cauhapé Henri Ramonteu.
Suggestion de pain : pain aux céréales.

Coquilles Saint-Jacques à l'orange

Jean-Pierre ROBERT, ambassadeur de l'Académie

POUR 4 PERSONNES
Temps de préparation : 1 h 20
Temps de cuisson : 10 min
Ingrédients :
16 noix de Saint-Jacques
3 oranges, 1 citron
100 g de beurre
1 tranche de pain de mie
(réalisation des croûtons)
50 cl de bière « Blanche de Hoegaarden »
1 échalote
cerfeuil, sel, poivre

Préparer les noix de Saint-Jacques

- Laver, égoutter et sécher les noix de Saint-Jacques.
- Presser les oranges et le citron.
- Arroser les noix de Saint-Jacques avec le jus des agrumes. Assaisonner.
- Recouvrir de bière blanche les Saint-Jacques. Laisser mariner pendant 1 h.
- Réduire le jus de marinade à feux doux. Incorporer le beurre par petits morceaux en remuant.
- Couper les zestes des oranges en lanières et les incorporer dans la marinade. Porter à ébullition.
- Faire fondre 25 g de beurre dans une sauteuse, y faire revenir l'échalote finement hachée avec les Saint-Jacques marinées. Réserver au chaud.
- Faire revenir les croûtons dans du beurre.

Dresser

- Dresser les noix de Saint-Jacques sur assiette et napper de sauce. Disposer les croûtons autour. Décorer avec le cerfeuil ciselé et quelques quartiers d'orange pelée à vif.

Suggestion de vin : vin blanc de Chavignol ou bière blanche.
Suggestion de pain : pain de seigle au citron.

Saint-Jacques rôties, fumet de châtaignes, céleri et granny croquants, espuma de pain grillé

Hôtel de Bretagne, *Nort-sur-Erdre (44)*

POUR 4 PERSONNES
Temps de préparation : 15 min
Temps de cuisson : 30 min
Ingrédients :
16 coquilles Saint-Jacques
gros sel
huile d'olive
Fumet de châtaignes
50 g de châtaignes
30 g de beurre
3 échalotes
du vert de poireau, thym, laurier
Espuma de pain grillé
2 tranches de pain grillé
20 cl de crème, 10 cl de lait
Julienne de céleri et granny
1 pomme granny
1 quart de céleri boule
1 cuillerée à soupe de pignons de pin
1 jus de citron
huile d'olive
Matériel spécifique :
siphon à espuma

Préparer les coquilles Saint-Jacques

- Décoquiller les Saint-Jacques, les ébarber. Laver les noix, frotter les barbes à l'aide d'une poignée de gros sel. Les rincer.

Préparer le fumet de châtaignes

- Réaliser un fumet avec barbes, échalotes, bouquet garni et vert de poireau. Mouiller à hauteur. Cuire 20 min puis passer. Faire réduire le fumet. Monter avec 30 g de beurre. Ajouter les châtaignes hachées. Assaisonner.

Préparer l'émulsion de pain grillé

- Bien griller les deux tranches de pain. Porter à ébullition le lait et la crème. Y ajouter le pain en tranches. Laisser infuser 5 min et mixer. Refroidir la préparation puis la mettre dans une bombe à espuma avec une cartouche de gaz.

Préparer la julienne de céleri et granny

- Râper le céleri et la pomme verte. Assaisonner avec du jus de citron, de l'huile d'olive et des pignons de pin hachés.

Cuire les noix de Saint-Jacques

- Piquer les noix de Saint-Jacques sur une brochette. Les saisir dans une poêle avec un peu d'huile d'olive, les dorer sur chaque face, arroser de fumet de châtaignes.

Dresser

- Disposer les noix de Saint-Jacques sur la julienne de céleri et granny. Servir l'espuma de pain grillé dans une verrine, avec une mouillette très fine de pain grillé. Décorer avec des fines pousses d'épinard.

Suggestion de vin : pessac léognan blanc, château Coucheroy.
Suggestion de pain : pain fusette.

Coquilles Saint-Jacques poêlées, émulsion de granny smith et mousseline de panais

Clément BRUNEAU, ancien chef de cuisine
L'Académie a décerné une Coquille d'Argent pour cette recette
au Domaine d'Orvault, *Orvault (44).*

POUR 4 PERSONNES
Temps de préparation : 45 min
Temps de cuisson : 30 min
Ingrédients :

16 noix de Saint-Jacques
20 g de beurre clarifié
200 g de panais
20 g de beurre frais
25 cl de crème fleurette
2 pommes granny smith
20 cl de sirop à 30°
5 cl de pulpe de pomme
100 g de beurre doux
sucre glace
sel, poivre

Préparer les noix de Saint-Jacques

- Décoquiller les noix de Saint Jacques et les rincer à l'eau claire. Les disposer sur un linge pendant 20 min au frais.

Préparer la mousseline de panais

- Éplucher les panais et les cuire à l'eau bouillante salée. Égoutter et mixer avec 20 g de beurre et 25 cl de crème fleurette. Assaisonner.

Préparer les chips de pomme

- Tailler huit tranches fines dans une pomme en laissant la peau. Étaler ces tranches, les recouvrir de sirop froid à 30°, et laisser macérer pendant 2 h. Ensuite, les égoutter et les étaler sur une plaque antiadhésive. Les placer au four à 100 °C pendant 2 h pour les sécher. Saupoudrer les chips de sucre glace et les conserver au sec.
- Tailler le reste de la pomme en allumettes.

Préparer l'émulsion de granny smith

- Râper la pomme restante. Faire chauffer 5 cl de pulpe de pomme, ajouter 100 g de beurre peu à peu. Émulsionner.

- Dresser en s'inspirant de la photo.

Suggestion de vin : coteaux-du-languedoc.
Suggestion de pain : pain de campagne au levain.

Coquilles Saint-Jacques rôties au jus de pomme verte

Hubert LEBOT, restaurateur-traiteur, Saint-Mars-du-Désert (44)
L'Académie a décerné une Coquille d'Or pour cette recette.

POUR 4 PERSONNES
Temps de préparation : 15 min
Temps de cuisson : 5 min
Ingrédients :
16 noix de Saint-Jacques
3 pommes vertes (granny smith)
150 g de beurre demi-sel
1 citron
sel, poivre
cerfeuil

Préparer les pommes

- Passer une pomme à la centrifugeuse pour en extraire le jus et l'allonger avec le jus d'un demi citron.
- Ôter le centre de deux pommes tout en conservant la peau.
- Couper une pomme et demie en quartiers afin d'obtenir douze quartiers de pommes au total (trois par assiette). Faire revenir les quartiers de pommes dans 30 g de beurre.
- Tailler la moitié de pomme restante en fins bâtonnets et la citronner avec le jus d'un demi citron. Porter à ébullition le jus de pomme citronné en incorporant du beurre (30 g par personne).

Cuire les coquilles Saint-Jacques

- Saisir au beurre les noix de Saint-Jacques 1 min sur chaque face en leur donnant une légère coloration. Les assaisonner légèrement.

Dresser

- Dans une assiette chaude, disposer les quartiers de pommes en étoile. Disposer une noix entre chaque quartier de pomme et une noix au centre de l'assiette. Faire couler un cordon de sauce. Parsemer de fins bâtonnets de pomme crue et faire usage de cerfeuil effeuillé pour le décor.

Suggestion de vin : muscadet fruité.
Suggestion de pain : petit pain artisanal de 30 g.

Cassolette de coquilles Saint-Jacques au cerfeuil tubéreux, cappuccino au lard fumé

Christophe FOURE, chef de cuisine au restaurant Le Rive Gauche, *Nantes (44)*
L'Académie a décerné une Coquille d'Or pour cette recette.

POUR 4 PERSONNES
Temps de préparation : 50 min
Temps de cuisson : 20 min
Ingrédients :
16 coquilles Saint-Jacques d'Erquy
450 g de cerfeuil tubéreux
16 oignons grelots
180 g de poitrine fumée
100 g d'échalotes
240 g de champignons de Paris
50 cl de fumet de poisson
20 cl de coteaux-de-l'aubance
50 cl + 5 cl de crème fleurette
25 cl de fond blanc de volaille
bord de couenne de poitrine fumée
beurre, sucre
Tuiles au miel sésame
50 g de graines de sésame
10 g de pavot
20 g de beurre
7,50 g de sucre
10 g de miel, 10 ml d'eau
Matériel spécifique :
siphon à espuma

- Décoquiller et nettoyer les coquilles Saint-Jacques.

Préparer la garniture

- Éplucher et tailler les cerfeuils tubéreux.
- Éplucher les oignons grelots.
- Parer et enlever les cartilages de la poitrine fumée. La tailler en petits lardons, blanchir et égoutter.
- Escaloper les champignons de Paris. Les cuire à blanc. Garder le jus de cuisson.
- Mettre une chauffante et cuire les cerfeuils tubéreux (à peine cuits).
- Mettre à cuire les oignons grelots avec un peu d'eau, de beurre, de sucre et les glacer à blanc (sans coloration).
- Poêler ensemble les cerfeuils tubéreux avec les oignons, les lardons, les champignons avec une légère coloration.

Préparer la sauce au beurre

- Faire suer au beurre, sans coloration, les échalotes ciselées.
- Ajouter le coteaux-de-l'aubance et laisser réduire de trois quarts.
- Ajouter 50 cl de crème fleurette et laisser réduire jusqu'à consistance onctueuse.
- Monter au dernier moment la sauce au beurre.

Préparer la tuile au miel sésame

- Mélanger ensemble tous les ingrédients pour la tuile au miel sésame en terminant par le beurre fondu. Laisser reposer l'appareil. Faire cuire dans un four à 180 °C de grandes tuiles longues, jusqu'à ce qu'elles soient légèrement colorées.

Préparer le cappuccino au lard fumé

- Mettre à bouillir le fond blanc de volaille, ajouter la couenne de lard fumé et faire réduire de moitié. Laisser infuser jusqu'à complet refroidissement.
- Passer le fond blanc de volaille dans le siphon, ajouter le reste de crème fleurette, mettre deux cartouches de gaz et bien agiter. Stocker 1 à 2 h au réfrigérateur.

- Poêler les Saint-Jacques

Dresser

- Dresser en assiettes creuses chaudes la garniture (cerfeuil, oignons, lardons, champignons). Ajouter les Saint-Jacques et la sauce au beurre.
- Finir par le cappuccino au lard fumé et poser sur le bord de chaque assiette deux tuiles de sésame.

Suggestion de vin : pouilly-fumé Guy Saget.
Suggestion de pain : pain aux lardons.

Noix de Saint-Jacques grillées en cappuccino de cèpes, écume Terrango

Clément BRUNEAU, ancien chef de cuisine au Domaine d'Orvault, *Orvault (44)*

POUR 4 PERSONNES
Temps de préparation : 30 min
Temps de cuisson : 15 min
Ingrédients :
16 noix de Saint-Jacques
16 têtes de cèpes
300 g de pelures de cèpes
40 cl de fond blanc de volaille
15 cl de crème fleurette
1 échalote
20 g de beurre
25 cl de café Terrango, 15 g d'arôme café
2 blancs d'œufs
2 feuilles de gélatine
Matériel spécifique :
siphon à espuma

Préparer l'écume Terrango

- Mélanger l'arôme de café, 20 cl de café Terrango, les blancs d'œufs et 5 cl de crème fleurette. Faire chauffer les 5 cl de café qui restent. Ajouter les feuilles de gélatine ramollies.
- Mélanger le tout et l'adjoindre au mélange initial. Verser l'ensemble dans un siphon. Mettre au froid pendant 3 h. Injecter le gaz (N20) de deux recharges.

Préparer les noix de Saint-Jacques et les cèpes

- Rincer à l'eau froide puis réserver les noix sur un linge.
- À l'aide d'une petite brosse humide, nettoyer les cèpes. Les tailler en morceaux.

Préparer le cappuccino de cèpes

- Dans une sauteuse, faire suer fortement les pelures de cèpes jusqu'à coloration. Ajouter l'échalote émincée. Faire suer puis déglacer avec le fond de volaille.
- Cuire quelques minutes puis mouiller avec 10 cl de crème fleurette. Cuire 2 à 3 min après ébullition. Assaisonner, passer au chinois. Réserver.

Cuire les noix de Saint-Jacques et les cèpes

- Griller les noix de Saint-Jacques au dernier moment à la plancha.
- Poêler les cèpes au moment de dresser.
- Dresser en s'inspirant de la photo.

Astuces

- Ne pas laisser tremper les cèpes dans l'eau.
- Remplacer l'écume par une crème fouettée.

Suggestion de vin : savennières, domaine Ogereau.
Suggestion de pain : pain aux noix.

Saint-Jacques aux choux et lardons au beurre de muscadet

Alain DESHOUX, ambassadeur de l'Académie

POUR 4 PERSONNES
Temps de préparation : 30 min
Temps de cuisson : 1 h
Ingrédients :
16 belles noix de Saint-Jacques avec coraux
8 coraux de Saint-Jacques
4 grandes feuilles de chou vert
200 g de chou-fleur
100 g de carottes taillées en bâtonnets
50 g de petits lardons
2 œufs
180 g de beurre
sel, poivre du moulin
50 g d'échalotes
10 cl de muscadet
80 g de crème
100 g de poivrons rouges
cerfeuil

Préparer la purée

- Cuire le chou-fleur à l'eau et le réduire en purée additionnée des deux œufs.
- Cuire les dés de poivrons rouges.
- Cuire les bâtonnets de carottes et les glacer légèrement. Mélanger avec la purée de chou-fleur. Y additionner les lardons préalablement sautés.

- Cuire les feuilles de chou dans une eau assaisonnée.

Préparer le beurre de muscadet

- Cuire les échalotes dans 5 cl de muscadet et laisser réduire. Ajouter la crème fraîche. Monter l'ensemble au beurre. Assaisonner selon votre goût.

Préparer les coquilles Saint-Jacques

- Faire sauter 30 s à feu vif les noix de Saint-Jacques avec les coraux. Déglacer avec 5 cl de muscadet. Réserver le jus pour la sauce.

Dresser

- Dans un ramequin beurré, étaler une feuille de chou. Y placer quatre noix sans le corail réservé pour la décoration.
- Autour des noix, ajouter la purée (chou-fleur + lardons + carottes). Rabattre la feuille de chou vers le centre. Faire cuire au four pendant 15 min.
- Disposer les coraux et le cerfeuil pour la décoration.
- Ajouter les dés de poivrons au dernier moment.

Suggestion de vin : muscadet sur lie.
Suggestion de pain : pain aux six céréales.

Coquilles Saint-Jacques océane

Yvon GARNIER, cuisinier, président fondateur de l'institut Édouard-Nignon *et professeur de cuisine*

POUR 4 PERSONNES
Temps de préparation : 10 min
Temps de cuisson : 35 min
Ingrédients :
16 coquilles Saint-Jacques
300 g de crème double
200 g de beurre
100 g de crevettes grises décortiquées
100 g de bigorneaux décortiqués
100 g de petites moules décortiquées
100 g de champignons de Paris coupés en dés
1 cuillerée à soupe d'huile d'olive
1 jaune d'œuf
safran, piment d'Espelette
sel, poivre

Préparer la crème

- Mettre la crème à réduire sur le feu. Ajouter les champignons (2 min de cuisson). Ajouter les bigorneaux, les crevettes et les moules. Mélanger le tout pour que chaque élément s'imprègne des goûts de chacun.
- Passer le tout à la passoire fine pour récupérer d'un côté les champignons, crevettes, bigorneaux et moules et de l'autre la crème.
- Ajouter à la crème une pointe de safran. Réduire un peu. Hors du feu, lier avec un jaune d'œuf et une petite cuillerée de crème. Goûter et vérifier l'assaisonnement.

Cuire les noix de Saint-Jacques

- Décoquiller les Saint-Jacques en ne gardant que les noix.
- Couper les noix en deux de façon à obtenir deux beaux pétales de Saint-Jacques. Les cuire rapidement à la poêle avec juste un peu d'huile. Les colorer rapidement. Éponger les demi-noix.

Dresser

- Installer les noix de Saint-Jacques en rosace sur le fond de quatre coquilles, recouvrir des champignons, crevettes, bigorneaux et moules réservés et napper de sauce à la crème à l'aide d'une cuillère à soupe. Décorer avec une pointe de piment d'Espelette finement haché sur chaque noix.

Suggestion de vin : pouilly-fumé.
Suggestion de pain : pain rustique.

Ragoût de Saint-Jacques et d'huîtres aux petits légumes

Jean-Claude PASTOUREAU, meilleur ouvrier de France
et professeur de cuisine, Saint-Sébastien-sur-Loire (44)
L'Académie a décerné une Coquille d'Argent pour cette recette.

POUR 4 PERSONNES
Temps de préparation : 1 h
Temps de cuisson : 25 min
Ingrédients :
12 noix de Saint-Jacques
12 huîtres
125 g de poireau
125 g de crème
80 g de gros champignons
80 g de carottes
12 pommes duchesse (purée de pomme de terre et jaune d'œuf)
beurre
5 cl de vin blanc
5 cl de vermouth
10 cl de velouté de poisson
cerfeuil
fleur de sel, poivre

Préparer les coquillages

- Nettoyer les noix de Saint-Jacques, les escaloper. Ouvrir les huîtres et les retirer de leur coquille. Les faire pocher et les ébarber.
- Laver la partie creuse de quatre coquilles Saint-Jacques.

Préparer les petits légumes

- Préchauffer le four à 180 °C.
- Former un cordon de pommes duchesse avec une poche et une douille cannelée. Faire colorer au four.
- Tailler les carottes, le blanc de poireau et les champignons en julienne. Les étuver au beurre.

Cuire le ragoût

- Sauter vivement et rapidement les noix de Saint-Jacques. Flamber au vermouth.
- Ajouter la julienne de légumes et la crème. Réduire pour amener à consistance.
- Ajouter les huîtres pochées et le velouté de poisson.
- Incorporer quelques noisettes de beurre.

- Dresser dans les coquilles et décorer d'une pluche de cerfeuil.

Suggestion de vin : menetou salon blanc
Suggestion de pain : pain aux céréales.

Nage d'huîtres tièdes, brochette de Saint-Jacques à la citronnelle et au caviar d'Avruga

Christophe FOURE, chef de cuisine au restaurant Le Rive Gauche, *Nantes (44)*
L'Académie a décerné une Coquille d'Or pour cette recette.

POUR 4 PERSONNES
Temps de préparation et de cuisson :
40 min
Ingrédients :
12 coquilles Saint-Jacques d'Erquy
4 huîtres
1 l de fumet de poisson
100 g de beurre demi-sel
25 cl de crème liquide
10 g de caviar d'Avruga
4 tiges de citronnelle
30 g d'échalotes
sel, poivre
gingembre en poudre

- Ouvrir les huîtres, les décortiquer, récupérer l'eau et la filtrer.
- Préparer les noix de Saint-Jacques (voir avec le poissonnier pour les décortiquer).
- Embrocher trois noix sur chaque tige de citronnelle et les saupoudrer délicatement de gingembre en poudre.
- Raidir les huîtres dans leur jus. Faire suer au beurre les échalotes sans coloration, ajouter le fumet de poisson et laisser réduire de moitié. Ajouter le jus des huîtres et faire réduire, ne pas saler. Ajouter la moitié de la crème et faire réduire. Monter au beurre pour obtenir une sauce mousseuse.
- Monter le reste de crème (comme une chantilly), ajouter du sel, du poivre et du gingembre en poudre.
- Poêler les brochettes de Saint-Jacques 1 min de chaque côté.

Dresser

- Dans une assiette, disposer une tasse contenant l'huître raidie et le bouillon mousseux. Disposer une brochette de Saint-Jacques à côté. Finir en déposant dans la tasse une quenelle de crème montée en chantilly et dessus le caviar d'Avruga.

Suggestion de vin : chinon, château de Coulaines.
Suggestion de pain : pain aux algues.

Coquilles Saint-Jacques du Croisic en noir et blanc

Gérard RYNGEL, chef de cuisine au restaurant
Villa Mon Rêve, *Basse-Goulaine (44)*

POUR 4 PERSONNES
Temps de préparation : 40 min
Temps de cuisson : 2 min
Ingrédients :
16 belles coquilles Saint-Jacques blanches du Croisic
2 céleris-raves
1 très belle truffe du Périgord
20 de beurre doux
200 g de vinaigre balsamique
1 cuillerée à soupe d'huile d'olive vierge
sel moulu et fleur de sel de Guérande

Préparer le céleri

- Couper le céleri en quatre tranches rondes de 12 cm environ sur 5 à 6 mm d'épaisseur. Blanchir les tranches de céleri quelques minutes dans de l'eau salée, les garder assez fermes. Déposer sur un papier absorbant. Réserver.

Préparer la sauce

- Faire réduire le vinaigre balsamique aux trois quarts. Il doit être légèrement épaissi.

Préparer la truffe

- Couper la truffe en tranches fines avec une mandoline.

Préparer les coquilles Saint-Jacques

- Nettoyer les Saint-Jacques. Les couper en rondelles fines et placer celles-ci sur un plat badigeonné d'huile d'olive. Les passer 1 min sous la salamandre, sans les colorer, juste avant de servir. Les garder mi-cuites.

Dresser

- Déposer le céleri sur assiette. Disposer en quinconce ou en couronne une rondelle de Saint-Jacques et une rondelle de truffe en les faisant chevaucher à moitié, et ainsi de suite.
- Passer 1 min au four chaud (150 °C). Lustrer le tout, à l'aide d'un pinceau, avec le beurre fondu.
- Décorer le tour des assiettes avec des traits de vinaigre balsamique réduit.

Suggestion de vin : marsannay, domaine Philippe Charlopin.
Suggestion de pain : pain gris.

Duo de Saint-Jacques et langoustines à la crème de langoustines

Frédéric HEAS, chef de cuisine au restaurant Le Grain de Sel, *Breteuil (27)*
L'Académie a décerné une Coquille d'Or pour cette recette.

POUR 4 PERSONNES
Temps de préparation : 1 h
Temps de cuisson : 3 h avec la cuisson des barbes
Ingrédients :
24 coquilles Saint-Jacques
24 langoustines
80 g d'échalotes
200 g de carottes
1 tomate
2 courgettes,
2 poireaux
25 cl de vin blanc
25 cl d'eau
4 cl de cognac
50 cl de crème fleurette
huile d'olive
sel, poivre

Préparer la julienne de légumes

- Tailler en julienne 100 g de carottes, poireaux et courgettes. Étuver puis réserver.

Préparer les fruits de mer

- Décoquiller et nettoyer les noix de Saint-Jacques. Récupérer les barbes, les nettoyer. Réserver au frais.
- Décortiquer les langoustines. Retirer le boyau central. Réserver les queues de langoustines au frais.

Préparer la crème de langoustines

- Faire suer les carcasses de langoustines avec les échalotes. Flamber au cognac. Verser dessus le vin blanc, l'eau, saler, poivrer. Faire bouillir à petits bouillons pendant 20 min. Passer le fumet au chinois.
- Cuire les barbes de Saint-Jacques dans 50 cl de fumet accompagné d'une mirepois d'échalotes, 100 g de carottes et une tomate, pendant 3 h.
- Réduire à sec le fumet de langoustines et le crémer. Vérifier l'assaisonnement.

Cuire les fruits de mer

- Cuire les langoustines au four à 180 °C arrosées d'huile d'olive pendant 3 min.
- Poêler à l'huile d'olive les noix de Saint-Jacques.

Dresser

- Dresser en harmonie la julienne de légumes, les langoustines et les noix de Saint-Jacques. Napper de crème de crustacés.

Suggestion de vin : chablis vieilles vignes.
Suggestion de pain : pain aux algues.

Marmite de Saint-Jacques aux truffes en montgolfière

Olivier COCHIN, traiteur à Blain (44)
L'Académie a décerné une Coquille d'Or pour cette recette.

POUR 4 PERSONNES
Temps de préparation : 30 min
Temps de cuisson : 10 min
Ingrédients :
20 belles coquilles Saint-Jacques
1 belle truffe
4 cuillerées à soupe de jus de truffe
60 g de blanc de poireau
20 g de céleri-rave
60 g de courgette, 60 g de carotte
25 cl de muscadet sur lie
50 cl de crème liquide
50 cl de coulis de langoustine passé à l'étamine
100 g de beurre, huile d'olive
1 œuf battu (pour la dorure)
sel de Guérande et poivre blanc (moulin)
Pâte à pain
300 g de farine
10 g de sel de Guérande
10 g de levure de boulanger
180 g d'eau à 16 °C

Préparer les coquilles Saint-Jacques

- Décoquiller les Saint-Jacques, extraire les noix et coraux. Les laver dans plusieurs eaux et bien égoutter.
- Assaisonner les noix de Saint-Jacques et les saisir à l'huile d'olive jusqu'à légère coloration. Égoutter et dresser en petites soupières individuelles.

Préparer la brunoise de légumes

- Tailler les légumes en fine brunoise et réserver au froid.
- Dans une casserole, faire suer au beurre sans coloration la brunoise de légumes. Ajouter le muscadet et laisser réduire. Déglacer avec la crème liquide et laisser réduire. Ajouter le coulis de langoustine.
- Cuire les légumes, les garder légèrement croquants, vérifier l'assaisonnement.

- Préparer la pâte à pain

Dresser

- Ajouter dans chaque soupière et sur les noix une cuillerée de jus de truffe et une rondelle de truffe. Mouiller avec la sauce.
- Recouvrir les soupières avec une abaisse de pâte à pain. Bien cercler et dorer à l'œuf.
- Cuire 10 min à 170 °C.

Suggestion de vin : menetou.
Suggestion de pain : la croûte du couvercle est suffisante.

Noix de Saint-Jacques aux légumes en coquille

Jeanine BECHAMEIL, ambassadrice de l'Académie

POUR 4 PERSONNES
Temps de préparation : 1 h
Temps de cuisson : 30 min
Ingrédients :
16 à 20 coquilles Saint-Jacques
2 poireaux
200 g de carottes
100 g de céleri-rave
100 g de champignons
20 g de beurre
1 gousse d'ail
1 échalote
persil haché
sel, poivre

- Ouvrir les coquilles. Nettoyer les noix et les barbes.
- Éplucher les légumes. Les détailler en lanières fines (julienne).
- Ciseler l'échalote.
- Faire fondre 20 g de beurre dans une casserole. Y mettre l'échalote ciselée à cuire pendant 2 min. Puis ajouter le poireau, le céleri, les carottes et les champignons.
- Mouiller avec deux cuillerées d'eau.
- Ajouter la gousse d'ail. Laisser cuire 5 min. Assaisonner.
- Ajouter les barbes. Recouvrir d'eau à hauteur. Cuire pendant 20 min.
- Filtrer le jus de cuisson et le faire réduire aux deux tiers. Vérifier l'assaisonnement.

Dresser

- Répartir les légumes dans les coquilles avec du persil haché.
- Disposer les noix de Saint-Jacques escalopées.
- Ajouter une noix de beurre et une cuillerée de jus de cuisson.
- Mettre 5 min dans un four chaud.

Suggestion de vin : gros plant sur lie.
Suggestion de pain : baguette tradition.

Ravioles de Saint-Jacques aux pointes d'asperges et jus de poireaux

Hubert LEBOT, restaurateur-traiteur, Saint-Mars-du-Désert (44)

POUR 4 PERSONNES
Temps de préparation : 1 h
Temps de cuisson : 10 min
Ingrédients :
16 noix de Saint-Jacques coupées en deux
12 carrés de pâte à ravioles (la pâte à ravioles s'achète dans le commerce)
12 pointes d'asperges blanches ou vertes
250 g d'épinards
120 g de beurre demi-sel
1 œuf
crème fraîche
1 beau poireau
cerfeuil, sel, poivre

Préparer les légumes

- Faire une purée d'épinards : les cuire à l'eau salée, les hacher et crémer.
- Émincer le blanc de poireau et l'étuver rapidement à couvert. Égoutter dans une passoire. Conserver ce bien précieux qu'est le jus pour confectionner la sauce.
- Blanchir les têtes d'asperges dans l'eau bouillante salée.
- Les rafraîchir et égoutter.

Préparer les ravioles

- Étaler les carrés de pâte à ravioles sur un papier sulfurisé. À l'aide d'un pinceau, badigeonner d'œuf battu sur 1 cm le bord des carrés de pâte.
- Déposer de la purée d'épinards au centre de chaque carré et ajouter un morceau cru de Saint-Jacques. Refermer les carrés de pâte en triangle. (L'œuf battu sert à souder la pâte au moment du pochage.)
- Plonger les ravioles pendant 3 min dans une cuisson d'eau salée et légèrement vinaigrée. Les égoutter.

Dresser

- Chauffer préalablement les assiettes.
- Répartir trois ravioles par assiette sur un lit d'émincé de poireau.
- Faire couler un cordon de sauce, obtenu en émulsionnant le beurre sur le jus de poireau porté à ébullition.
- Déposer dans chaque assiette trois pointes d'asperges chaudes et le reste des Saint-Jacques beurrées et assaisonnées à la poêle.
- Décorer en parsemant les assiettes de cerfeuil effeuillé.

Suggestion de vin : muscadet vieilles vignes.
Suggestion de pain : pain aux algues de 30 g.

Noix de Saint-Jacques en demi-coquilles

Michel MOCQUILLON, chef de cuisine, Les Sables-d'Olonne (85)
L'Académie a décerné une Coquille d'Argent pour cette recette.

POUR 4 PERSONNES
Temps de préparation : 45 min
Temps de cuisson : 5 min
Ingrédients :
12 belles coquilles Saint-Jacques
beurre blanc nantais traditionnel
Julienne de légumes
200 g de julienne de carotte
200 g de julienne de poireau
100 g de julienne de céleri
50 g de beurre salé
4 bouquets de mâche nantaise
Vinaigrette au Nantillais fruits rouges
6 cuillerées à soupe d'huile d'argan ou de noix
3 cuillerées à soupe de vinaigre d'alcool
3 cuillerées à soupe de Nantillais fruits rouges

Préparer les coquilles Saint-Jacques

- Ouvrir les coquilles sur feu vif côté oblong (arrondi). Les retirer du feu dès que la coquille baille et enlever immédiatement le dessous de la coquille.
- Retirer délicatement les barbes sans détacher les noix de la coquille plate. Nettoyer à l'eau froide, saler et poivrer. Réserver au frais.

Préparer la julienne de légumes

- Cuire les légumes alternativement dans une casserole adéquate à couvert, avec les 50 g de beurre salé et 5 cl d'eau. Commencer par le céleri (3 min), puis les carottes et continuer la cuisson (3 min). Terminer par les poireaux (2 min). Réserver au chaud.

- Monter un beurre blanc nantais traditionnel. Le tenir au bain-marie.

- À l'aide d'un pinceau, couvrir les noix de Saint-Jacques de beurre blanc. Cuire au four à 250 °C pendant 3 à 5 min.

- Préparer la vinaigrette au Nantillais fruits rouges.

Dresser

- Présenter les coquilles Saint-Jacques en couronne sur une grande assiette. Autour de chaque noix, disposer la julienne de légumes et, au centre de l'assiette, déposer un bouquet de mâche nantaise préalablement passé dans la vinaigrette au Nantillais fruits rouges. Napper les noix de beurre blanc et servir.

Suggestion de vin : savennières demi-sec « Clos du Papillon ».
Suggestion de pain : pain pistolet (petit pain fendu au lait) badigeonné à l'huile de noix et passé au four chaud (150 °C).

Coquilles Saint-Jacques au beurre rouge

Jean SUPIOT, consul mestre de l'Académie

POUR 4 PERSONNES
Temps de préparation : 10 min
Temps de cuisson : 8 min
Ingrédients :
20 coquilles Saint-Jacques
2 poireaux
60 g de crème
250 g de beurre
15 cl de bourgueil plutôt tannique
vinaigre de vin
2 échalotes
sel, poivre

Préparer les coquilles Saint-Jacques

- Nettoyer soigneusement les noix. Les éponger sur du papier absorbant.
- Préparer quatre brochettes en intercalant cinq pièces de corail et cinq noix. Réserver au frais.

Préparer les poireaux

- Émincer les poireaux. Les faire suer au beurre. Ajouter la crème fraîche pour finir la cuisson. Assaisonner.

Préparer le beurre rouge

- Ciseler finement les échalotes. Les faire réduire dans le vin rouge (un verre et un peu de vinaigre de vin).
- Continuer à réduire jusqu'à l'obtention de la valeur de deux cuillerées à café de réduction.
- Pendant la réduction, couper le beurre en petits morceaux, environ 60 g par personne.
- Monter la sauce avec le beurre. Assaisonner.

Dresser

- Griller les brochettes assaisonnées d'une pointe de poivre et de fleur de sel. Sur l'assiette, disposer les poireaux, la brochette et le beurre rouge.

Suggestion de vin : bourgueil.
Suggestion de pain : pain rustique.

Brochettes de Saint-Jacques au Brissac

Robert TIMPERLEY, ambassadeur de l'Académie en Angleterre

POUR 4 PERSONNES
Temps de préparation : 20 min
Temps de cuisson : 25 min
Ingrédients :
16 coquilles Saint-Jacques
4 échalotes
2 verres de vin rouge de Brissac
3 cuillerées à soupe de coulis de tomates
200 g de champignons de Paris
1 verre de cognac
1 poivron
1 cuillerée à soupe d'huile d'olive
1 bouquet garni
2 gousses d'ail
sel, poivre

Préparer les coquilles Saint-Jacques

- Nettoyer et faire ouvrir les coquilles dans une marmite à feu vif. Les laver et les décortiquer.

Préparer la sauce au brissac

- Faire chauffer l'huile d'olive dans une cocotte. Y mettre les échalotes émincées et laisser cuire doucement. Mettre ensuite le vin rouge de Brissac avec le cognac, le bouquet garni, le sel, le poivre et l'ail (plus que d'habitude pour ôter le goût du tanin).
- Ajouter le coulis de tomates et laisser mijoter pendant 20 min.

Dresser

- Préparer les brochettes avec la chair et le corail des Saint-Jacques en intercalant les champignons et le poivron coupés. Badigeonner d'huile les brochettes à l'aide d'un pinceau. Disposer les sur un petit brasero. Servir avec la sauce et du riz blanc.

Suggestion de vin : rosé de Loire.
Suggestion de pain : pain au levain.

Trilogie de Saint-Jacques aux trois parfums

Nicolas POTAGE, professeur de cuisine au lycée hôtelier Daniel-Brottier, *Bouguenais (44)*
L'Académie a décerné une Coquille d'Or pour cette recette.

POUR 4 PERSONNES
Temps de préparation et de cuisson :
40 min
Ingrédients :
24 coquilles Saint-Jacques
400 g de céleri-rave
320 g de crème
6 échalotes
700 g de champignons
300 g de cacao en poudre
20 cl de porto
280 g de beurre
10 carottes fanes
4 poireaux
ciboulette
vinaigre balsamique
poivre de Sichuan
tandoori (épice semblable au curry)

Préparer les coquilles Saint-Jacques

- Ouvrir les coquilles, les nettoyer pour enlever le sable. Dégorger les barbes au gros sel, bien les rincer. Réaliser un fumet avec les barbes dans 1 l d'eau.

Préparer les légumes

- Confectionner la duxelles : couper les échalotes en petits dés et les faire revenir au beurre. Avant la coloration des échalotes, ajouter les champignons hachés. Cuire l'ensemble jusqu'à évaporation totale du jus de végétation. Réserver.
- Prendre la partie blanche et vert pâle des poireaux et la couper en rondelles de 3 à 4 mm d'épaisseur. Faire revenir au beurre et déglacer au vinaigre balsamique. Réserver.
- Tailler le céleri-rave en cubes. Réaliser une purée crémée.
- Éplucher finement et délicatement les carottes fanes. Les cuire à l'étuvée.
- Confectionner des bottes avec la ciboulette.

Préparer les brochettes

- Répartir les noix de Saint-Jacques sur douze petites brochettes dans le sens de l'épaisseur.
- Les faire mariner chacune dans leur parfum (quatre brochettes par parfum).
- Paner la brochette au chocolat dans du cacao en poudre, la faire sauter vivement et rapidement. Déglacer la cuisson au porto. Ajouter le fumet et beurrer.
- Paner la brochette au tandoori, la faire sauter dans un beurre noisette et baisser le feu pour récupérer le jus. Mouiller avec le fumet et crémer.
- Pocher la brochette aux poivres dans un fumet parfumé aux poivres. Passer le jus à la passoire. Vinaigrer légèrement le jus de cuisson et monter au beurre comme un beurre blanc.

Dresser

- Sur le lit de duxelles, dresser la brochette au cacao. Sur la purée de céleri, dresser la brochette sautée au tandoori. Sur l'émincé de poireau, disposer la brochette pochée aux poivres.
- Napper légèrement les brochettes et disposer à côté de chacune leur sauce respective.

Suggestion de vin : languedoc-roussillon rosé.
Suggestion de pain : baguette grise.

Tarte fine de coquilles Saint-Jacques

Luc LE FLOCH, membre fondateur de l'Académie

POUR 4 PERSONNES
Temps de préparation : 20 min
Temps de cuisson : 5 min
Ingrédients :
2 pâtes feuilletées rondes au beurre
16 à 20 coquilles avec corail
(suivant la grosseur)
120 g de sauce tomate
50 g de beurre
thym frais
mâche ou cresson
huile d'olive
vinaigre balsamique
fleur de sel, sel, poivre

Préparer les coquilles Saint-Jacques

- Ouvrir et nettoyer les coquilles. Séparer le corail des noix et couper les noix en fines tranches. Réserver.

Préparer la sauce

- Mixer le corail, la sauce tomate et une cuillerée à café de vinaigre balsamique. Saler et poivrer. Cuire l'appareillage 2 min à feux doux. Laisser refroidir.

Préparer le feuilleté

- Découper quatre cercles de pâte feuilletée de 15 cm de diamètre environ.
- Enduire les cercles de pâte d'une fine couche de l'appareillage, jusqu'à 1 cm du bord.
- Poser les lamelles de noix sur la pâte en partant de l'extérieur et en les faisant se chevaucher légèrement.
- Les enduire de beurre fondu clarifié et les parsemer légèrement de thym.
- Enfourner 5 min à four chaud à 200 °C.

Dresser

- Placer le feuilleté de Saint-Jacques dans l'assiette. Poser une branche de thym en travers. Disposer à côté une pincée de salade assaisonnée d'huile d'olive et de vinaigre balsamique.

Suggestion de vin : menetou salon blanc ou coteaux-du-giennois.

Saint-Jacques en croûte de marmelade de chorizo au beurre d'oranges et cumin

Christophe FOURE, chef de cuisine au restaurant Le Rive Gauche, *Nantes (44)*

POUR 4 PERSONNES
Temps de préparation : 45 min
Temps de cuisson : 17 min
Ingrédients :
16 grosses coquilles Saint-Jacques d'Erquy
1 demi-orange
1 oignon
huile d'olive
200 g de chorizo (gros) doux
le jus de 3 oranges
2 oranges (marmelade)
cumin en poudre
Blinis
1 araignée de mer
2 œufs
30 g de farine
quelques gouttes de Tabasco
sauce anglaise (Worcestershire sauce)

Préparer les fruits de mer

- Cuire l'araignée et la décortiquer après refroidissement.
- Nettoyer les Saint-Jacques.

Préparer la croûte de marmelade de chorizo

- Éplucher et ciseler finement l'oignon.
- Enlever la peau du chorizo et le tailler en petits dés.
- Blanchir l'orange entière dans de l'eau froide jusqu'à l'ébullition, répéter trois fois l'opération et laisser refroidir. Tailler l'orange en petits dés en gardant la peau.
- Faire suer à l'huile d'olive les oignons finement taillés, ajouter la brunoise d'orange et le chorizo. Laisser compoter. Ajouter le jus d'orange et laisser réduire à sec.

Préparer le beurre d'oranges et cumin

- Faire réduire le jus des trois oranges avec le cumin en poudre afin d'obtenir une consistance sirupeuse.

Préparer les blinis

- Mélanger la farine, les œufs, la sauce anglaise et quelques gouttes de Tabasco. Ajouter la chair d'araignée. Beurrer un moule à blinis et cuire 7 min au four à 170 °C.

- Poêler les Saint-Jacques, légèrement colorées.
- Ajouter sur le dessus la croûte de chorizo à l'aide d'une cuillère et cuire au four (position gril). Monter le beurre d'oranges et en napper une partie de l'assiette de façon harmonieuse.

Suggestion de vin : savennières « domaine Ogereau », Clos Grand Beaupréau, 2005.
Suggestion de pain : pain à la tomate séchée.

Coquilles Saint-Jacques à la bouzy

Jean DELAHAYE, ambassadeur de l'Académie, bailli de Touraine

POUR 4 PERSONNES
Temps de préparation : 15 min
Temps de cuisson : 25 min
Ingrédients :
12 coquilles Saint-Jacques
25 g de beurre
3 verres de pissotte
10 cl de crème fraîche
5 cl de cognac
2 tomates concassées
5 cl d'huile
1 branche de cerfeuil
1 branche d'estragon
1 pointe de curry, 1 bouquet garni
sel, poivre
Mirepoix
50 g de lard de poitrine
100 g de carottes
50 g d'oignons
quelques fleurs de thym
1 feuille de laurier
1 verre de pissotte

Préparer la mirepoix

- Couper le lard, les carottes et les oignons en dés.
- Faire fondre le lard en sauteuse, y faire rissoler les légumes. Laisser cuire pendant 15 min. Déglacer la sauteuse avec le pissotte et faire réduire de moitié.

Préparer les coquilles Saint-Jacques

- Faire revenir les coquilles Saint-Jacques au beurre avec un peu de mirepoix. Mouiller au vin. Ajouter les tomates concassées, le bouquet garni, l'assaisonnement, le curry puis le cognac.
- Retirer les noix et le corail. Passer le liquide de cuisson au chinois et le faire réduire de moitié.
- Replacer les mollusques. Crémer légèrement et compléter avec le cerfeuil et l'estragon hachés. Servir très chaud.

Suggestion de vin : pissotte des Fiefs vendéens.
Suggestion de pain : pain aux lardons.

Coquilles Saint-Jacques de la baie de Seine en chemise

Gérard RYNGEL, chef de cuisine au restaurant Villa Mon Rêve, *Basse-Goulaine (44)*

POUR 4 PERSONNES
Temps de préparation : 40 min
Temps de cuisson : 12 min
Ingrédients :
12 coquilles Saint-Jacques de la baie de Seine Label Rouge
4 tranches de 80 à 100 g (coupées dans le filet en longueur) de saumon frais
15 cl de muscadet
150 g de beurre doux
2 jaunes d'œufs
35 g d'échalotes grises
5 cl de crème fleurette
1 demi-citron
sel fin de Guérande
poivre blanc du moulin
poivre de Cayenne

Préparer les coquilles Saint-Jacques

- Retirer les barbes et le nerf. Les laver sous l'eau claire et conserver le corail. Déposer sur un papier absorbant.
- Faire suer dans une sauteuse, avec 30 g de beurre, 10 g d'échalotes hachées et le corail.
- Quand les échalotes sont translucides, ajouter les Saint-Jacques. Les saisir rapidement. Saler légèrement. Réserver.

Préparer les paupiettes de saumon

- Étaler sur une assiette une tranche de saumon. Saler légèrement. Déposer au milieu trois coquilles Saint-Jacques et une ou deux pièces de corail. Refermer le saumon sur les coquilles. Faire de même avec les trois autres tranches de saumon.
- Déposer les paupiettes retournées sur un plat de cuisson beurré. Saler légèrement le dessus. Ajouter 5 cl de muscadet. Recouvrir d'une feuille de papier aluminium et réserver. Allumer le four à 160 °C.

Préparer la sauce

- Réduire à sec 25 g d'échalotes hachées avec 6 cl de muscadet. Ajouter progressivement deux jaunes d'œufs ainsi qu'une cuillerée de muscadet.
- Monter la sauce au fouet comme une sauce hollandaise. Ajouter le beurre fondu (120 g). Assaisonner de sel moulu de Guérande et de poivre de Cayenne
- Fouetter la crème avec quelques gouttes de jus de citron.
- Mélanger la crème et la sauce. Vérifier l'assaisonnement et détendre avec quelques gouttes de muscadet si nécessaire. Garder au chaud au bain-marie.

Cuire et dresser

- 10 min avant de servir, faire chauffer le plat sur la gazinière pendant quelques minutes.
- Puis le mettre 5 min au four chaud (160 °C). Retirer entièrement la préparation et le papier d'aluminium. Napper avec la sauce. Faire colorer 2 à 3 min sous la salamandre.

Suggestion de vin : muscadet sèvre-et-maine sur lie de 6 à 8 ans, 12° environ.
Suggestion de pain : pain blanc tradition française.

Noix de Saint-Jacques pochées aux pieds de porc et joues de porc

Dominique GICQUEL, consul culinaire de l'Académie

POUR 4 PERSONNES
Temps de préparation : 1 h
Temps de cuisson : 3 h
Ingrédients :
16 noix de Saint-Jacques
2 joues de porc
2 pieds de porc
3 belles carottes
1 courgette
1 bouquet garni, vert de poireau
1 oignon clouté de 2 clous de girofle
gros sel, sel fin
moutarde fine, moutarde à l'ancienne
chapelure, persil frisé

Préparer les pieds et joues de porc

- Faire cuire pieds et joues de porc dans un bain d'eau salée avec le vert de poireau, les carottes, le bouquet garni, l'oignon clouté.
- Après cuisson, désosser les pieds de porc et les hacher grossièrement avec un couteau. Écraser la joue à la fourchette. Mélanger l'ensemble et réserver au chaud.

Préparer les carottes et la courgette

- Dans les carottes, avec une cuillère à racine (ustensile pour faire des billes dans des fruits ou des légumes), prélever vingt-quatre billes pour le décor.
- Tailler des billes en forme d'olive dans la courgette.
- Cuire les billes de carottes et les olives de courgettes dans le jus de porc. Les garder verts (cuisson courte *al dente*).

- Pocher les noix de Saint-Jacques 2 min dans le bouillon de porc.

Dresser

- Dans l'assiette de service, faire dans un cercle à tarte individuel un montage du mélange pied et joue de porc. Badigeonner avec la moutarde fine. Recouvrir de chapelure. Passer au four pour dorer.
- Décorer l'assiette avec les billes de carottes et les olives de courgettes.
- Disposer harmonieusement les noix pochées, après avoir nappé le fond de l'assiette du fond de cuisson porc et noix, dans lequel sera dilué un peu de moutarde à l'ancienne. Finir le décor avec du persil frisé.

Suggestion de vin : muscadet Granité de Clisson, Bruno Cormerais.
Suggestion de pain : pain de campagne.

Coquilles Saint-Jacques pochées en écrémé de muscat Beaume de Venise

Jérémy ROBINET, chef de cuisine au restaurant Les Petits Saints, *Nantes (44)*
L'Académie a décerné une Coquille d'Argent pour cette recette.

POUR 4 PERSONNES
Temps de préparation : 15 min
Temps de cuisson : 20 min
Ingrédients :
20 coquilles Saint-Jacques
20 cl de muscat Beaume de Venise
30 cl de lait entier
300 g de topinambour
200 g de poireaux
100 g de jus de coquillages
50 g de beurre
10 cl de crème
ciboulette
persil plat
huile d'olive

Préparer la purée de topinambour et les poireaux

- Éplucher et cuire les topinambours à l'eau salée. Passer au moulin à légumes.
- Dessécher à feu vif avec un peu de beurre. Crémer légèrement et laisser réduire.
- Émincer finement les poireaux. Les étuver au beurre.

Préparer la réduction de coquillages

- Faire réduire le jus de coquillages. Crémer puis monter au beurre. Réserver.

Préparer les coquilles Saint-Jacques

- Ouvrir, ébarber, laver et rincer les Saint-Jacques. Les cuire dans une poêle bien chaude avec un filet d'huile d'olive, 1 min sur chaque face.

Préparer la sauce

- Ajouter pour finir du lait entier dans la réduction puis verser le muscat. Mixer au dernier moment.

Dresser

- Dans une assiette ronde, disposer trois fonds de coquilles Saint-Jacques. Disposer à l'intérieur la purée de topinambour et le poireau. Disposer les Saint-Jacques et napper de sauce.
- Décorer avec le persil plat et la ciboulette.

Suggestion de vin : cabernet d'Anjou.
Suggestion de pain : pain müesli.

Coquilles Saint-Jacques à la charentaise avec ses crépinettes, compotée de chou et huîtres pochées

Dominique GICQUEL, consul culinaire de l'Académie

POUR 4 PERSONNES
Temps de préparation : 15 min
Temps de cuisson : 18 min
Ingrédients :
16 belles coquilles Saint-Jacques
12 huîtres de Marennes
200 g de chair à saucisse
1 chou vert frisé
crépine de porc
2 œufs
20 cl de vin blanc
20 g de crème fraîche
30 g de beurre
sel, poivre

Préparer les coquilles Saint-Jacques

- Décoquiller les Saint-Jacques. Réserver les noix soigneusement nettoyées. Les éponger sur une feuille de papier absorbant.

- Braiser le chou finement ciselé. Laisser compoter.

Préparer les huîtres et la sauce d'huîtres

- Ouvrir et décoquiller les huîtres. Les faire pocher au vin blanc.
- Faire une sauce avec le jus de cuisson et de la crème fraîche. Faire réduire. Lier la sauce avec deux jaunes d'œufs.

Confectionner huit mini-crépinettes

- Envelopper la chair à saucisse dans un peu de crépine de porc. Poêler. Réserver au chaud. Déglacer avec du vin blanc après avoir retiré la graisse de cuisson.
- Filtrer ce jus. Le réserver pour le décor.

- Poêler les noix de Saint-Jacques 2 min de chaque côté.

Dresser

- Dresser sur assiette chaude, en harmonie, les huîtres pochées dans leur coquille, nappées de la sauce d'huîtres, la compotée de chou, les crépinettes et les noix de Saint-Jacques. Décorer d'un trait de jus de cuisson des crépinettes.

Suggestion de vin : vin blanc charentais cépage Colombard.
Suggestion de pain : pain aux algues.

Noix de Saint-Jacques sautées, crème de pineau des Charentes et fondue de tomates au quatre-épices

Franck ALEXANDRE, professeur au lycée Sainte-Anne, *Saint-Nazaire (44)*

POUR 4 PERSONNES
Temps de préparation : 1 h 30
Temps de cuisson : 40 min
Ingrédients :
16 noix de Saint-Jacques coraillées ou non
12 petites tomates
350 g de champignons de Paris
2 petites courgettes
2 échalotes, 1 gousse d'ail
70 g de beurre
40 cl de crème fraîche
40 g de farine
1 bouquet garni
12 feuilles de basilic
du quatre-épices
20 cl de pineau des Charentes
vinaigre blanc
sucre en poudre, sel, poivre

Préparer les coquilles Saint-Jacques

- Dénerver les noix. Les inciser en deux et réserver sur un papier absorbant.

Préparer la fondue de tomates

- Monder les tomates, les épépiner et les concasser. Conserver les peaux des tomates. Faire suer dans un peu de beurre une échalote finement ciselée. Ajouter les tomates, l'ail pilé, le bouquet garni, quelques feuilles de basilic finement ciselées. Assaisonner. Ajouter un peu de sucre en poudre pour enlever l'acidité des tomates. Réserver au chaud.

Préparer les courgettes et la duxelles de champignons

- Canneler les courgettes. Couper huit tronçons. Les faire cuire *al dente* dans de l'eau salée avec une noisette de beurre pendant 3 à 5 min.
- Faire suer au beurre une échalote finement ciselée. Ajouter les champignons finement hachés. Faire évaporer l'eau de végétation. Ajouter le pineau. Réserver au chaud.

Préparer les tulles

- Mélanger la farine avec un peu d'eau, le vinaigre, du sel fin, un peu de quatre-épices. Étaler avec un pinceau huit disques sur une plaque beurrée antiadhésive. Cuire au four à 180 °C pendant 3 min. Les décoller et réserver.

Frire le basilic et les tomates

- Faire frire quelques secondes de belles feuilles de basilic et la peau des tomates. Réserver sur un papier absorbant.

Cuire les coquilles Saint-Jacques et préparer la crème de pineau des Charentes

- Sauter les Saint-Jacques dans un peu de beurre clarifié 5 s sur les deux faces (cuisson bleue à cœur et colorée). Assaisonner. Réserver au chaud.
- Déglacer avec le pineau. Réduire et ajouter la crème fraîche. Réduire à nouveau pour obtenir une consistance nappante. Passer au chinois. Réserver au chaud.

Dresser

- Disposer dans quatre grandes assiettes un socle de fondue de tomates et la duxelles de champignons. Alterner les noix et les courgettes montées en huit brochettes. Poser sur la fondue. Ajouter les tuiles.
- Présenter la sauce en verrine. Décorer avec les feuilles de basilic et les peaux de tomates frites.

Suggestion de vin : muscadet sur lie.
Suggestion de pain : pain aux algues.

Salade de Saint-Jacques poêlées au caramel balsamique, confiture de poivrons

David GARREC, chef de cuisine et restaurateur à L'Océanide, *Nantes (44)*

POUR 4 PERSONNES
Temps de préparation : 40 min
Temps de cuisson : 5 min
Ingrédients :
20 noix de Saint-Jacques fraîches
10 g + 30 g de beurre
4 cèpes de taille moyenne
1 poivron rouge
1 poivron jaune
1 poivron vert
10 feuilles de basilic haché
1 échalote ciselée
1 jus d'orange
20 cl de coulis de crustacés
10 cl de vin
1 cuillerée de miel
1 oignon émincé
mizouna (salade)
vinaigre balsamique
huile d'olive

- Dans une sauteuse, faire revenir au beurre l'échalote, déglacer avec le jus d'orange, réduire presque à sec puis mouiller avec le coulis de crustacés et laisser réduire de moitié. Ajouter le basilic haché ainsi que 30 g de beurre, maintenir la sauce au chaud.
- Éplucher les poivrons et l'oignon et les émincer très finement. Faire caraméliser la cuillerée de miel et y faire sauter les poivrons et l'oignon, laisser cuire 5 min et débarrasser.
- Mettre à réduire une bouteille de vinaigre balsamique jusqu'à consistance voulue.
- Nettoyer et poêler les cèpes de pays.

- Au dernier moment, poêler rapidement les noix de Saint-Jacques au beurre et à l'huile d'olive et les dresser dans l'assiette avec tous les éléments de la recette.

Suggestion de vin : quincy.
Suggestion de pain : pain rustique rond.

Coquilles Saint-Jacques safranées au fenouil

Robert FOUQUET, ambassadeur de l'Académie

POUR 4 PERSONNES
Temps de préparation : 1 h
Temps de cuisson : 50 min

Ingrédients :
20 coquilles Saint-Jacques
2 bulbes de fenouil
2 pistils de safran
270 g de beurre
1 tomate
20 cl de vin blanc
sel, poivre

- Ouvrir et débarber les coquilles Saint-Jacques.
- Faire fondre 30 g de beurre dans une poêle et y mettre les noix salées et poivrées. Couvrir et laisser cuire 5 min à feu vif.
- Faire cuire les bardes dans 20 cl de vin blanc pour en faire un fumet. Ajouter le safran. Faire réduire. Incorporer vivement au fouet par petits morceaux 200 g de beurre.
- Faire fondre 40 g de beurre, ajouter les fenouils.
- Peler la tomate, l'épépiner et la couper en dés.
- Dresser le fenouil en bouquet dans les assiettes. Disposer les coquilles autour. Napper avec la sauce et décorer avec les dés de tomate.

Suggestion de vin : mareuil des Fiefs vendéens.
Suggestion de pain : pain au levain.

Coquilles Saint-Jacques au naturel et julienne de légumes

Patrick Claude, chef de cuisine et restaurateur au Relais d'Anjou, *Saint-Georges-sur-Loire (49)*

POUR 4 PERSONNES
Temps de préparation : 30 min
Temps de cuisson : 10 min
Ingrédients :
16 belles coquilles avec ou sans corail
20 cl de crème fleurette
50 g de beurre
2 carottes, 1 poireau
1 morceau de céleri-rave
2 échalotes, 2 citrons
1 botte de ciboulette
20 cl de vin blanc
fleur de sel de Guérande
poivre du moulin

Préparer les coquilles Saint-Jacques

- Décoquiller les Saint-Jacques. Les nettoyer.
- Garder les barbes pour la sauce.

Préparer la julienne de légumes

- Laver les légumes et les tailler en julienne très fine. Faire suer la julienne de légumes au beurre. Cuire doucement à l'étuvée. Réserver.

Préparer la sauce

- Faire suer les échalotes ciselées finement. Ajouter les barbes bien lavées, une pincée de fleur de sel, du poivre du moulin, cuire 5 min. Ajouter 12 cl de vin blanc (en réserver 8 cl pour la cuisson des Saint-Jacques) et le jus des citrons. Faire réduire. Ajouter la crème fleurette. Faire réduire à nouveau. Passer au chinois.

Cuire les noix de Saint-Jacques

- Couper les noix en deux dans le sens de l'épaisseur.
- Porter à ébullition 8 cl de vin blanc et le fumet. Cuire pendant 2 à 4 min suivant la grosseur des noix.

Dresser

- Dresser en dôme la julienne de légumes au centre de l'assiette. Disposer autour les noix de Saint-Jacques.
- Monter la sauce avec 15 g de beurre. Napper les coquilles. Ajouter quelques grains de fleur de sel et la ciboulette finement ciselée.

Suggestion de vin : chenin blanc.
Suggestion de pain : pain boule rustique.

Coquilles Saint-Jacques lutées aux petits légumes

Fabrice SUZENET, traiteur, La Cornuaille (49)

POUR 4 PERSONNES
Temps de préparation : 45 min
Temps de cuisson : 17 min
Ingrédients :
8 belles Saint-Jacques sans corail
2 beaux poireaux
2 carottes
1 petite branche de céleri
2 échalotes
25 cl de crème fraîche
1 noix de beurre
1 verre de vin blanc sec
gingembre moulu
4 fines bandelettes de pâte morte (farine, eau, gros sel) de 30 cm de longueur et 4 cm de largeur
1 œuf pour la dorure
sel, poivre

Préparer les coquilles Saint-Jacques

- Nettoyer les coquilles. Les réserver ainsi que les couvercles.

Préparer la julienne de légumes

- Ciseler les échalotes. Dans une sauteuse avec couvercle à fond épais, faire suer l'échalote avec le beurre. Ajouter les légumes taillés en fine julienne, étuver doucement. Ajouter le vin blanc, réduire. Ajouter la crème et l'assaisonnement. Réduire et amener à point. Refroidir la préparation.

Dresser

- Dans les coquilles, répartir la moitié de la marmite de légumes. Positionner vos noix de Saint-Jacques préalablement escalopées en deux ou trois. Répartir à nouveau le reste de légumes. Refermer avec les couvercles. Badigeonner le bord avec la dorure. Souder avec les bandelettes de pâte. Redorer le bord.
- Mettre à cuire dans le four préchauffé à 200 °C, chaleur tournante, environ 15 à 17 min. La pâte doit être dorée.

Suggestion de vin : muscadet sur lie.
Suggestion de pain : baguette tradition.

Beureks de Saint-Jacques Édouard Nignon

Yvon GARNIER, cuisinier, président fondateur de l'institut Édouard-Nignon *et professeur de cuisine*

POUR 4 PERSONNES
Temps de préparation et de cuissson :
45 min
Ingrédients :
12 belles noix de Saint-Jacques
1 beau poivron rouge
1 l de fumet de poisson très clair
4 œufs
1 cuillerée à soupe d'huile d'olive
400 g de crème
100 g de beurre
50 g de roquefort
50 g de gruyère
200 g de poudre d'amande
200 g de poudre de pistache
200 g de chapelure blanche très fine
quatre-épices, sel, poivre
Appareil à crêpes
2 œufs
55 g de farine
25 cl de lait
sel

- Préparer douze crêpes fines

Préparer les coquilles Saint-Jacques

- Mélanger à la fourchette le roquefort, 50 g de beurre, 50 g de gruyère finement râpé et un bon tour de moulin à poivre.
- Couper en quatre les Saint-Jacques et les ajouter à la préparation.

Préparer les beureks

- Étaler les petites crêpes (douze pièces, trois par personne) et déposer en leur centre les Saint-Jacques à l'aide d'une cuillère. Répéter l'opération puis fermer de façon à obtenir un rectangle. Bien fermer le tout.
- Dans un récipient, battre les œufs en omelette. Saler, poivrer, ajouter les épices et l'huile d'olive.
- Dans un second récipient, mélanger la poudre de pistache, la poudre d'amande et la chapelure fine.
- Passer les crêpes dans les œufs battus puis dans le mélange pistache-amande-chapelure.
- À l'aide d'une spatule, bien taper le tout délicatement de façon à ce que tout se tasse parfaitement.
- Cuire et dorer doucement au beurre les beureks de chaque côté.

Préparer la sauce au poivron

- Couper grossièrement le poivron rouge. Le cuire doucement pendant 20 min dans le fumet clair. Une fois cuit, l'enlever et le mixer très finement.

- Au fumet restant, ajouter la crème et le poivron rouge mixé. Faire réduire à la nappe. Goûter et corriger l'assaisonnement. Ajouter un peu de beurre pour faire briller la sauce.

Dresser

- Napper le fond des assiettes de sauce au poivron et y déposer deux voire trois beureks.
- En décor facultatif : feuilles d'automne réalisées en lames de betteraves frites.

Suggestion de vin : sancerre.
Suggestion de pain : pain aux six céréales.

Rosace de Saint-Jacques, embeurrée de coques aux petites asperges de Vendée, pointes et crème d'asperges aux appétits

Philippe DAMIEN, chef de cuisine au restaurant L'Ecluse, *Vertou (44)*
L'Académie a décerné une Coquille d'Or pour cette recette.

POUR 4 PERSONNES
Temps de préparation : 25 min
Temps de cuisson : 15 min
Ingrédients :
2 kg de coquilles Saint-Jacques
800 g d'asperges
400 g de coques décoquillées
2 belles échalotes grises de Vendée
20 cl de crème fraîche, beurre
1 botte de ciboulette
fleur de sel de Guérande
poivre du moulin
Court-bouillon
1 oignon, 1 carotte
10 cl de muscadet
1 bouquet garni simple
1 pointe de cayenne
sel de Guérande

- Ouvrir les Saint-Jacques au-dessus d'un tamis pour récupérer l'eau de végétation.

Préparer le velouté d'asperges

- Éplucher et cuire les asperges. Récupérer les têtes et passer les queues au mixeur, puis tamiser. Récupérer la pulpe, la mélanger avec l'eau de végétation des Saint-Jacques et la crème fraîche. Cuire pour obtenir un velouté, et ajouter de la ciboulette ciselée.

Préparer les coques

- Cuire les coques dans le court-bouillon.
- Tomber au beurre les échalotes ciselées finement. Rouler les coques égouttées dedans.

- Poêler les noix de Saint-Jacques entières dans un beurre noisette.

Dresser

- Dresser les coques au centre de l'assiette, puis verser dessus le velouté d'asperges.
- Placer autour les noix de Saint-Jacques et les pointes d'asperges. Décorer avec les tiges de ciboulette.

Astuce

- Cette recette peut également être réalisée avec 200 g de civelles.

Suggestion de vin : muscadet vieilles vignes de Château-Thébaud.
Suggestion de pain : pain tradition.

Noix de Saint-Jacques au sabayon de coteaux-du-layon, pâtes fraîches et salicornes

Jeanine JUTARD, ambassadrice de l'Académie

POUR 4 PERSONNES
Temps de préparation : 30 min
Temps de cuisson : 16 min
Ingrédients :
16 noix de Saint-Jacques
2 œufs
10 cl de coteaux-du-layon
25 g de crème fraîche
100 g de beurre clarifié
400 g de pâtes fraîches
salicornes
sel, poivre

Préparer les coquilles Saint-Jacques et les pâtes

- Nettoyer les Saint-Jacques et couper les noix par la moitié. Laver les coquilles et réserver. Cuire les Saint-Jacques à la vapeur environ 4 à 5 min et réserver.
- Cuire les pâtes fraîches environ 3 à 4 min et garder au chaud.

Préparer le sabayon

- Sur feu doux, battre les œufs et le coteaux-du-layon au fouet. Ajouter la crème fraîche, le beurre clarifié puis fouetter jusqu'à la prise du sabayon. Garder au chaud.

Dresser

- Placer les noix de Saint-Jacques dans les coquilles et recouvrir du sabayon au coteaux-du-layon. Glisser sous la salamandre ou la grille du four et laisser dorer 2 à 3 min environ.
- Servir les pâtes dans des assiettes chaudes, parsemer de salicornes et déposer la Saint-Jacques au milieu de l'assiette.

Suggestion de vin : malvoisie.
Suggestion de pain : tranches de baguette traditionnelle grillées.

Coquilles Saint-Jacques ligériennes

André BLOCH, consul archiviste de l'Académie

POUR 4 PERSONNES
Temps de préparation : marinade 24 h à l'avance + 20 min
Temps de cuisson : 17 min
Ingrédients :
12 coquilles Saint-Jacques
1 anguille moyenne
20 cl de muscadet sur lie
2 feuilles de laurier
10 cl de crème fraîche
100 g de beurre
jaunes d'œufs
3 échalotes
sel, poivre (moulin mignonnette)

Préparer la marinade

- Dans une terrine, faire mariner l'anguille préalablement ciselée en julienne (bâtonnets de 5 cm de long sur 1 cm de section). Mouiller au muscadet. Ajouter le laurier et trois tours de moulin à poivre. Laisser mariner 24 h.

Préparer les coquilles Saint-Jacques

- Décoller les noix avec soin. Récupérer les barbes et les laver minutieusement.
- Ciseler les échalotes. Les mettre à suer dans 20 g de beurre sans coloration. Ajouter les barbes. Les faire suer puis mouiller avec la moitié du jus de la marinade. Faire cuire à la poêle 15 min. Égoutter, récupérer le jus, puis mixer. Réserver.

Préparer le sabayon

- Clarifier les jaunes d'œufs dans une casserole à fond épais. Ajouter une cuillerée à soupe de jus de cuisson par jaune. Fouetter jusqu'à émulsion. Ajouter le reste du beurre clarifié, la crème fraîche et le safran.

Cuire et dresser

- Pocher à la vapeur les noix de Saint-Jacques et les tronçons d'anguille 2 min au maximum. Déposer les noix dans les coquilles. Disposer par-dessus les tronçons d'anguille. Napper avec le sabayon. Servir chaud.

Suggestion de vin : gamay du Pays nantais.
Suggestion de pain : pain aux noix.

Gros cannellonis de Saint-Jacques, endives et fenouil confits à l'orange et à la coriandre

Erwann HERGUE, chef de cuisine au restaurant
La Table d'Hippolyte, *Cesson-Sévigné (35)*
L'Académie a décerné une Coquille d'Argent pour cette recette.

POUR 4 PERSONNES
Temps de préparation : 30 min
Temps de cuisson 4 min
Ingrédients :
16 belles noix de Saint-Jacques fraîches
8 feuilles de filo
2 endives
1 gros bulbe de fenouil
50 cl de jus d'orange
1 cuillerée à café de graines de coriandre
15 cl de fumet de poisson
vin blanc
huile d'olive
beurre

La veille, confire le fenouil et les endives
- Confire 20 min environ à feu moyen, puis à feu doux, le fenouil et les endives finement tranchés avec 25 cl de jus d'orange. Utiliser cette préparation refroidie.

Préparer les cannellonis
- Étaler les feuilles de filo et les couper en deux dans la largeur. Y placer un quart de la préparation endives-fenouil sur la largeur puis quatre noix de Saint-Jacques. Ne pas fermer les cannellonis mais les tailler en biseau.
- Procéder de manière identique pour les quatre cannellonis. Les colorer à la poêle avec un fond d'huile d'olive. Finir au four 3-4 min.

Préparer la sauce
- Faire réduire le vin blanc, la moitié du jus d'orange, la coriandre et le fumet. Monter la sauce au beurre.

- Dresser harmonieusement selon vos idées.

Astuce
- À défaut de feuilles de filo, vous pouvez utiliser des feuilles de brick.

Suggestion de vin : menetou.
Suggestion de pain : pain de campagne.

Croustillants de Saint-Jacques aux saveurs des bois

Arnaud LEROY, chef de cuisine et restaurateur à La Reine Anne, *Morlaix (29)*
L'Académie a décerné une Coquille d'Or pour cette recette.

POUR 4 PERSONNES
Temps de préparation : 1 h 50
Temps de cuisson : 25 min
Ingrédients :

Tartes fines
1 rouleau de pâte feuilletée
200 g de champignons de Paris
100 g de lardons
15 cl de crème liquide

Croustillants de Saint-Jacques
20 noix de Saint-Jacques
5 feuilles de brick
sel, poivre

Poêlée de chanterelles
400 g de chanterelles
3 échalotes
5 cl d'huile d'olive
10 cl de fumet de poisson
crème fraîche

Préparer les tartes fines

- Détailler quatre disques de pâte feuilletée de 6 cm de diamètre environ. Piquer la pâte avec une fourchette.
- Nettoyer les champignons de Paris. Les couper. Les faire revenir pendant 5 min dans une poêle avec les lardons et la crème. Mixer le tout.
- Étaler cette compotée sur les disques de pâte feuilletée. Enfourner pendant 12 min à 200 °C.

Préparer les croustillants de Saint-Jacques

- Couper une feuille de brick en quatre triangles. Y déposer une noix de Saint-Jacques, assaisonner puis refermer le tout. Répéter l'opération pour toutes les noix. Enfourner les croustillants 4 min à 200 °C.

Préparer la poêlée de chanterelles

- Nettoyer les chanterelles. Faire suer les échalotes puis faire sauter les chanterelles dans la poêle. Mouiller avec du fumet de poisson et de la crème. Laisser épaissir la sauce sur feu doux puis rectifier l'assaisonnement.

Dresser

- Placer une tarte fine au centre de chaque assiette. Parsemer dessus la poêlée de chanterelles et autour un cordon de sauce. Disposer harmonieusement les croustillants.

Astuce

- Avec les rectangles de feuille de brick, on peut également former des petits bonbons, en plissant les extrémités et en les ficelant avec un bout de ficelle de cuisine.

Suggestion de vin : savigny-les-beaune (rouge de Bourgogne).
Suggestion de pain : pain forestier.

Brochettes de Saint-Jacques, vinaigrette à l'andouille

Benoît DEBAILLY, chef de cuisine et restaurateur
à La Gaillotière, *Château-Thébaud (44)*
L'Académie a décerné une Coquille d'Or pour cette recette.

POUR 4 PERSONNES
Temps de préparation : 30 min
Temps de cuisson : 4 min
Ingrédients :
400 g de noix de Saint-Jacques
150 g d'andouille de Vire
150 g de beurre demi-sel
1 kg de pommes de terre
(bintje de préférence)
6 cuillerées à soupe d'huile de colza
2 cuillerées à soupe de vinaigre de cidre
1 cuillerée à café de moutarde de Dijon
1 cuillerée à soupe d'huile d'olive
sel, poivre

Préparer la purée de pommes de terre

- Cuire les pommes de terre en robe des champs. Lorsqu'elles sont cuites, les éplucher et les écraser à la fourchette en incorporant le beurre de façon à faire une purée bien homogène.

Préparer la vinaigrette à l'andouille

- Faire une vinaigrette en incorporant la moutarde, le vinaigre et l'huile de colza, du sel et du poivre. Y ajouter l'andouille coupée en bâtonnets. Mettre au bain-marie pour faire tiédir la vinaigrette mais veiller à ne pas la faire bouillir car l'andouille se déferait.

Cuire les noix de Saint-Jacques

- Préparer quatre brochettes de noix de Saint-Jacques. Saler et poivrer. Chauffer une poêle. Lorsqu'elle fume, y verser une cuillerée à soupe d'huile d'olive et saisir les brochettes 2 min sur chaque face.

Dresser

- Placer une grosse quenelle de purée bien chaude sur une assiette. Poser une brochette dessus. Saucer avec la vinaigrette à l'andouille.

Suggestion de vin : sancerre blanc.
Suggestion de pain : pain de campagne.

Desserts

Pomme golden rôtie à la Saint-Jacques

Serge ARBOLI, ancien restaurateur du Poêlon d'Or, *Châteaubriant (44)*
L'Académie a décerné une Coquille d'Or pour cette recette.

POUR 4 PERSONNES
Temps de préparation : 20 min
Temps de cuisson : 4 min

Ingrédients :
4 noix de Saint-Jacques
2 pommes golden
50 g de beurre salé de Guérande
125 g de gelée de chouchen
15 g de crème fraîche
25 g de sucre

- Couper les pommes en deux. Les faire cuire dans une poêle avec 20 g de beurre.
- Réserver au chaud.
- Faire un caramel au beurre salé avec 25 g de sucre et 5 cl d'eau. Lorsque le caramel est légèrement coloré, ajouter hors du feu 20 g de beurre et la crème fraîche.
- Faire réduire la gelée de chouchen de moitié.
- Cuire les noix de Saint-Jacques dans le restant du beurre, sur les deux faces.
- Dresser sur l'assiette une demi-pomme avec une noix dessus. Napper de gelée de chouchen tiède et décorer l'assiette avec le caramel.

Suggestion d'accompagnement : cocktail de cidre doux et chouchen.

Coquilles Saint-Jacques aux poires

Monique SUPIOT, ambassadrice de l'Académie

POUR 4 PERSONNES
Temps de préparation : 15 min
Temps de cuisson : 10 min
Ingrédients :
8 coquilles Saint-Jacques fraîches
4 poires
sucre, beurre
4 crêpes
2 cuillerées à café d'alcool de poire
ciboulette

- Couper les poires en dés. Les placer dans une sauteuse préalablement beurrée et les sucrer légèrement.
- Escaloper les coquilles en deux. Les passer au beurre 4 à 5 min (sans condiment).
- Répartir les poires et les coquilles sur les crêpes. Fermer les crêpes en aumônière avec un brin de ciboulette.
- Les mettre dans un four à température très douce pendant 4 min.
- Avant de servir, verser sur chaque crêpe une cuillerée à café d'alcool de poire dilué dans un sirop de sucre.

Suggestion de vin : coteaux-du-layon.

Noix de Saint-Jacques en aumônière aux pommes

Philippe DAMIEN, chef de cuisine au restaurant L'Ecluse, *Vertou (44)*
L'Académie a décerné une Coquille d'Argent pour cette recette.

POUR 4 PERSONNES
Temps de préparation : 20 min
Temps de cuisson : 5 min
Ingrédients :
8 belles noix de Saint-Jacques
3 pommes elstar
poudre de cannelle
20 g de beurre

Pâte à crêpes
2 œufs entiers
100 g de farine
25 cl de lait
1 pincée de sel
10 g de beurre fondu
quelques grains de vanille
1 trait de Grand Marnier
1 orange
30 g de sucre

- Confectionner des crêpes assez larges.
- Tourner les pommes fruits en forme d'olives. Les sauter au beurre avec du sucre et caraméliser.
- Confectionner les aumônières en mettant les pommes au centre des crêpes. Puis

ajouter les Saint-Jacques coupées en dés. Mettre un peu de beurre, les paner avec de la poudre de cannelle. Fermer les aumônières. Passer au four.

- Servir avec deux à trois cuillerées à soupe de beurre d'orange (caramel léger déglacé au jus d'orange et monté légèrement au beurre).

Suggestion d'accompagnement : cidre fermier doux.

Coquilles Saint-Jacques au chocolat et confit de pommes

Nicolas POTAGE, professeur de cuisine
au lycée hôtelier Daniel-Brottier, *Bouguenais (44)*
L'Académie a décerné une Coquille d'Argent pour cette recette.

POUR 4 PERSONNES
Temps de préparation et de cuisson :
1 h 20
Ingrédients :
8 coquilles Saint-Jacques
15 cl de calvados
390 g de sucre en poudre
350 g de chocolat noir

Mousseline de pommes
2 pommes
2 blancs d'œufs
2 feuilles de 2 g de gélatine

Sauce au cidre
20 cl de cidre
2 jaunes d'œufs
350 g de sucre

Confire les Saint-Jacques

- Ouvrir les coquilles Saint-Jacques et les nettoyer soigneusement. Les escaloper en tranches de 2 mm d'épaisseur environ.
- Réaliser un sirop de sucre avec le calvados et 200 g de sucre. À ébullition, y jeter les escalopes et laisser refroidir.
- Retirer les Saint-Jacques, mettre le sirop à bouillir avec 100 g de sucre supplémentaire. Y replonger les Saint-Jacques. Laisser refroidir. Sortir les Saint-Jacques.
- Faire bouillir le sirop avec 50 g de sucre pour qu'il devienne glaçant. Napper les escalopes de ce sirop. Réserver.

Préparer la mousseline aux pommes

- Laver, éplucher les pommes et les tailler en petits cubes. Les cuire dans une casserole sans rien de plus que de l'eau. Les pommes doivent compoter et attacher légèrement à la casserole pour donner un petit goût de caramel. Écraser les pommes à la fourchette et y ajouter la gélatine ramollie.
- Monter une meringue italienne avec les blancs d'œufs et un sucre cuit à 115 °C.
- Incorporer la meringue à la purée de pommes et mouler en cercle. Réserver au frais.

Préparer les coquilles en chocolat

- Recouvrir les coquilles de papier film. Les tremper dans le chocolat fondu. Réserver au frais et démouler.

Préparer la sauce au cidre

- Blanchir les jaunes d'œufs avec le sucre au fouet. Y incorporer le cidre chaud. Cuire la crème. Refroidir rapidement en fin de cuisson. Émulsionner et servir.

Dresser

- Disposer la mousseline aux pommes dans la coquille en chocolat. Ajouter par-dessus les tranches de Saint-Jacques. Disposer l'écume et ensuite la sauce au cidre.

Suggestion de vin : cidre doux de Normandie.

Saint-Jacques en carpaccio, glace aux cèpes confits, coulis de potiron

Fabrice SUZENET, traiteur, La Cornuaille (49)
L'Académie a décerné une Coquille d'Or pour cette recette.

POUR 4 PERSONNES
Temps de préparation :
la veille 45 min et le jour même 30 min
Ingrédients :
Carpaccio
8 noix de Saint-Jacques (sans corail)
Marinade
huile d'olive
le jus d'une orange et d'un pamplemousse
sucre de canne
zestes râpés de kumbawa
Coulis de potiron
50 cl de lait
5 jaunes d'œufs
100 g de sucre
1 trait de vanille liquide
100 g de potiron
Glace aux cèpes confits
50 cl de bonne glace vanille
4 cèpes (de taille bouchon)
1 cuillerée de sucre de canne
1 petit verre d'eau
Tuiles aux algues
100 g de sucre
50 g de beurre
2 cuillerées de jus d'orange
40 g de farine
50 g d'amandes hachées grillées
5 g d'algues réhydratées hachées
Crème anglaise
12 jaunes d'œufs
1 l de lait
180 g de sucre semoule
1 gousse de vanille

LA VEILLE

Préparer les tulles aux algues

- Dans une terrine, mélanger amandes, sucre, jus d'orange, farine, algues (bien égouttées) et beurre fondu. Laisser reposer 24 h au frais.
- Déposer des petits tas d'appareil sur une plaque antiadhésive. Cuire à 180 °C pendant 4 min. Laisser refroidir.

Confire les cèpes

- Nettoyer les cèpes. Les couper en petits cubes. Les faire confire avec le sucre et l'eau jusqu'à évaporation de l'eau (les champignons doivent avoir une jolie couleur blonde et brillante).

LE JOUR MÊME

Préparer le coulis de potiron

- Pour réaliser une crème anglaise traditionnelle, mélanger les jaunes d'œuf et le sucre, faire blanchir en fouettant ce mélange énergiquement. Verser sur cette

préparation le lait bouillant infusé à la vanille. Faire cuire à feu doux en brassant avec une spatule jusqu'à l'obtention d'un mélange onctueux, attention de ne pas faire bouillir. Refroidir rapidement en vannant régulièrement.
- Ajouter à la crème anglaise la purée de potiron (juste cuite dans un peu d'eau) et mixer.

Dresser
- Choisir une grande assiette plate et festive.
- Tailler les noix de Saint-Jacques crues en lamelles fines, les disposer en éventail sur l'assiette, badigeonner avec un pinceau avec la marinade.
- Façonner une jolie boule ou une quenelle de glace vanille. Mettre une cuillerée de coulis de potiron. Disposer les cèpes confits sur la glace et le coulis et finir en appuyant une tuile sur la quenelle ou la boule de glace.

Suggestion de vin : côtes-de-gascogne.

Noix de Saint-Jacques tièdes à l'ananas et au thé

Dominique GICQUEL, consul culinaire de l'Académie

POUR 4 PERSONNES
Temps de préparation : 20 min
Temps de cuisson : 15 min
Ingrédients :
6 noix de Saint-Jacques
4 tranches d'ananas frais
1 excellent thé corsé
glace au citron vert
sucre
1 citron vert
feuilles de menthe
beurre doux

Préparer l'ananas

- Faire infuser le thé.
- Préparer un sirop avec le sucre, ajouter le thé corsé.
- Y faire pocher les tranches d'ananas.

Cuire les noix de Saint-Jacques et l'ananas

- Escaloper le plus finement possible les noix de Saint-Jacques.
- Disposer les tranches d'ananas sur une feuille de cuisson sur la plaque de votre four.
- Poser harmonieusement les escalopes de Saint-Jacques sur l'ananas.
- Passer quelques minutes au four en protégeant avec une feuille de papier aluminium.
- Lustrer en passant à l'aide d'un pinceau du beurre doux fondu pour donner du brillant.

Dresser

- Napper le fond de votre assiette avec le sirop au thé.
- Poser votre tranche d'ananas aux Saint-Jacques.
- Au centre, mettre une petite boule de glace au citron vert.
- Décorer avec un quartier de citron vert et une feuille de menthe.

Suggestion d'accompagnement : des macarons et du thé.

Millefeuille de Saint-Jacques

Stéphanie JAN, filleule de l'Académie

POUR 4 PERSONNES
Temps de préparation : 1 heure
Temps de cuisson : 30 min
Ingrédients :
12 belles noix de Saint-Jacques
Tuiles
200 g de sucre
75 g d'amandes hachées
75 g de farine, 75 g de beurre
1 orange, 20 g de zeste d'orange
Mangues au caramel
100 g de sucre
2 mangues, eau
vinaigre blanc
Crème anglaise
50 g de sucre
200 g de lait
2 jaunes d'œufs
50 g de Soho
Mousseline aux pommes
80 g de sucre
80 g d'eau
2 pommes
2 blancs d'œufs
Sirop
75 g de sucre
50 cl d'eau
Soho

Préparer les tuiles

- Mélanger le sucre, les amandes et la farine. Ajouter ensuite le jus d'orange, les zestes ainsi que le beurre fondu.
- Confectionner douze tuiles de 8 à 10 cm de diamètre. Plaquer et cuire 10 min à 180 °C. Réserver huit tuiles plates et rouler aux deux tiers les quatre autres.

Préparer les mangues au caramel

- Dans une casserole, mettre le sucre, un peu d'eau et quelques gouttes de vinaigre blanc.
- Pendant que le caramel cuit, couper les mangues en fines tranches pour les caraméliser et les pommes en petits cubes pour la mousseline.
- Une fois le caramel à point, incorporer les mangues en tranches et déglacer avec un peu d'eau. Laisser cuire.

Préparer la crème anglaise

- Mettre le lait et le Soho à chauffer. Mélanger les jaunes d'œufs avec le sucre. Ensuite, verser le lait et le Soho sur le mélange jaunes d'œufs-sucre. Mélanger et remettre à cuire dans la casserole sans cesser de mélanger. Émulsionner la crème anglaise.

Préparer la mousseline aux pommes

- Faire cuire les dés de pommes préalablement coupés.
- Faire un sirop avec l'eau et le sucre.
- Monter les blancs en neige. Y incorporer le sirop et ensuite les pommes.

Confire les coquilles Saint-Jacques

- Escaloper les Saint-Jacques.
- Préparer un sirop : mélanger le sucre, l'eau et le Soho. Verser le sirop sur les Saint-Jacques pour les confire. Récupérer le sirop et y ajouter encore du sucre.
- Faire chauffer et verser à nouveau sur les Saint-Jacques.

Dresser

- Sur une tuile plate, disposer une fine couche de mousseline aux pommes, ajouter une Saint-Jacques puis à nouveau de la mousseline, une autre tuile, la mangue et finir avec une tuile roulée. Servir avec de la crème anglaise.

Suggestion d'accompagnement : cocktail à la pomme.

LISTE DES PARTICIPANTS

Académie culinaire
de la Coquille Saint-Jacques
Consul mestre : Jean SUPIOT
Consul culinaire : Dominique GICQUEL
6, rue Émile-Loubet
44300 NANTES
Tél. : 02 40 40 96 59
http://coquille.stjacques.free.fr
dominique-gicquel@orange.fr

RESTAURANTS ET TRAITEURS

Restaurant Le Grain de Sel
Chef : Frédéric HEAS
76, place Laffite
27160 BRETEUIL-SUR-ITON
Tél. : 02 32 29 70 61

Restaurant La Reine Anne
Chef : Arnaud LEROY
44, rue du Mur
29600 MORLAIX
Tél. : 02 98 88 08 29
restoreine@free.fr

Restaurant La Table d'Hippolyte
Chef : Erwann HERGUE
40, rue du Bignon
35510 CESSON-SÉVIGNÉ
Tél. : 02 23 30 02 14
ehergue@yahoo.fr

Restaurant L'Océanide
Chef : David GARREC
2, rue Paul-Bellamy
44000 NANTES
Tél. : 02 40 20 32 28
www.restaurant-oceanide.com

Restaurant Les Petits Saints
Chef : Jérémy ROBINET
Propriétaire : Frédéric CHAUVIN
1, place Saint-Vincent
44000 NANTES
Tél. : 02 40 20 24 48

Restaurant Le Rive Gauche
Chef : Christophe FOURE
10, côte Saint-Sébastien
44200 NANTES
Tél. : 02 40 34 38 52
www.restaurant-lerivegauche.com

Restaurant Villa Mon Rêve
Chef : Gérard RYNGEL
Route des Bords de Loire
44115 BASSE-GOULAINE
Tél. : 02 40 03 55 50
www.villa-mon-reve.com

Restaurant L'Écluse
Chef : Philippe DAMIEN
Propriétaire : Pascale CRIMÉ
9, chaussée des Moines
44120 VERTOU
Tél. : 02 40 34 40 70

Cochin Traiteur
Chef : Olivier COCHIN
Propriétaires : Olivier et Estelle COCHIN
46, rue de Nantes
44130 BLAIN
Tél. : 02 40 79 00 32
cochintraiteur@wanadoo.fr

Restaurant Beau Rivage
Chef : Gérard CORCHIA
Plage de la Birochère
44210 PORNIC
Tél. : 02 40 82 03 08
www.restaurant-beaurivage.com

Hôtel-restaurant de Bretagne
Chef : Hugues LORIN
41, rue Aristide-Briand
44390 NORT SUR ERDRE
Tél. : 02 40 72 21 95
www.hotel-bretagne-lorin.com

Restaurant Clémence
Chef : Jean-Charles BATARD
La Chebuette
91, levée de la Divatte
44450 SAINT-JULIEN-DE-CONCELLES
Tél. : 02 40 36 03 18
www.restaurantclemence.fr

Auberge La Gaillotière
Chef : Benoît DEBAILLY
44690 CHATEAU-THÉBAUD
Tél. : 02 28 21 31 16
www.auberge-la-gaillotiere.fr

Restaurant Le Romarin
Chef : Émeric BANON
79, rue de Bretagne
44880 SAUTRON
Tél. : 02 40 63 15 87
www.restaurant-leromarin.com

Hôtel-restaurant Le Domaine d'Orvault
Propriétaires : Sylvain et Nathalie LEJEUNE
24, chemin des Marais de Cens
44700 ORVAULT
Tél. : 02 40 76 84 02
www.domaine-orvault.com

Traiteur Hubert Lebot
Chef : Hubert LEBOT
Clarivet
44850 SAINT-MARS-DU-DÉSERT
Tél. : 02 40 29 63 09
www.hubert-lebot.com

Restaurant Le Val d'Èvre
Chef : Yannick BITEAU
1, rue du Temple
49110 LA BOISSIÈRE-SUR-ÈVRE
Tél. : 02 41 70 50 01
www.valdevre.com

Restaurant Le Relais d'Anjou
Cuisinerie gourmande
Chef : Patrick CLAUDE
Place de l'Hôtel-de-Ville
49170 SAINT-GEORGES-SUR-LOIRE
Tél. : 02 41 39 13 38
www.relaisdanjou.com

Verde Traiteur
Chef : Fabrice SUZENET
7, rue du Moulin
49440 LA CORNUAILLE
Tél. : 02 40 81 23 71
verdetraiteur@orange.fr

ETABLISSEMENTS D'ENSEIGNEMENT

Lycée hôtelier privé Daniel-Brottier
Chemin du Couvent
44340 BOUGUENAIS
Tél. : 02 40 65 29 90
www.fondation-auteuil.org

Lycée polyvalent Sainte-Anne
250, boulevard Laennec
44615 SAINT-NAZAIRE Cedex
Tél. : 02 40 17 12 00
chef-travaux-lp@lycee-sainte-anne.fr

AUTRES

Yvon Garnier
Institut Edouard-Nignon
8, boulevard Paul-Langevin
44100 NANTES
Tél. : 02 40 69 24 14
yvonmarieolive@free.fr

Jean-Louis et Gilbert Bossard
Vignerons
Producteurs du muscadet de la Cuvée Prestige de l'Académie
La Basse-Ville
44330 LA CHAPELLE-HEULIN
Cave de la Chapelle
149, boulevard des Belges
44300 NANTES
gilbert.bossard@wanadoo.fr

TABLE DES RECETTES

Entrées 6

Plats 38

Éditeurs : Henri Bancaud et Gaëlle Guilmard
Coordination éditoriale : Solenne Lambert
Collaboration éditoriale : Emma Cencetti, Mathilde Betton
Conception graphique et mise en pages : Brigitte Racine
Photogravure : graph&ti, Cesson-Sévigné (35)
Impression : Imprimerie Clerc, Saint-Amand-Montrond (18)

ISBN : 978-2-7373-4713-9
N° d'éditeur : 5892.03.02.01.12
Dépôt légal : mars 2009
Imprimé en France
www.editionsouestfrance.fr